駅メロものがたり

人とメロディの中心に鉄道があった

藤

Fujis

交通新聞社新書 178

プロローグ

駅で列車が発着する際のメロディ、いわゆる「駅メロ」に魅せられて久しい。

最初のきっかけは、全国紙の支局長として秋田に赴任する際、東北新幹線で通過したJR福島駅で『栄冠は君に輝く』を耳にしたことだった。全国高等学校野球選手権大会の歌である。「甲子園の歌がなぜ福島で?」。

詳細は本書で詳しく紹介しているが、他にも調べてみると、福島駅のように、その土地ゆかりの音楽が、地元の皆さんを始めとする多くの関係者の「地元を元気にしたい」という熱意から、駅メロの実現に至るケースが結構あった。その経過は「地域おこしの物語」そのものであり、実現までの手続きは決して簡単ではない。そして駅メロに採用される音楽とは、誰もが知るスタンダードという証拠であり、生み出したアーティスト側にとっても「アーティスト冥利に尽きる」名誉になっていた。そうした関係者の「汗と涙の物語」と心模様をひもといてみたいと考えた。所属していた産経新聞の東北版での連載、退社後は朝日新聞系オンラインサイトAERA.dot、そして現在連載中の観光経済新聞などに断続的に書いてきた物語を大幅に加筆修正してまとめたのが本書である。

そもそも駅メロは日本独自のものらしい。海外では列車の発着はベルの告知もなく、すっと走り出す。私が実際に乗ったことのある米国のアムトラックやカナダ大陸横断鉄道（VIA鉄道）といった北米の鉄道、ドイツ鉄道（ドイチェバーン）、オーストリア国鉄など欧州を縦断する鉄道、はてはロシアのシベリア鉄道やウクライナ国鉄など東欧を走る鉄道まで、欧米は少なくともそれが主流なはずだ。日本人観光客が、うっかり駅で買い物に夢中にでもなっていたら、気付かないうちに置いてきぼりにされてしまうのだ。

いっぽう日本では、鉄道が最初に誕生した１８７２（明治５）年から、発車時に太鼓や鈴、鐘などを使い発車合図をしていた。こちらはもっぱら乗務員向けで、乗客向けには１９１２（明治45）年に、上野駅で初めて発車を知らせるベルが導入された（日本経済新聞、２０２４年1月29日付記事「なるほど!・ルーツ調査隊」から）。列車運行において、秒単位で厳格な日本と、多少の遅れにも寛容ながら、自己責任が原則の海外、といった文化の違いが背景にあるのかもしれない。

それが音楽に変わってきたのは、1987（昭和62）年の国鉄民営化の後、顧客サービスの見直しの一環として都内で始まったとされる。乗車を急かすようなベルではなく、耳に心地よい音楽で、といった判断があったようだ。

だがそれ以前の国鉄時代にも、地域ゆかりの音楽が駅で流れた例はあった。確認できる中で最も古いのは、戦後間もない1951（昭和26）年、豊後竹田駅（現在の大分県竹田市）の『荒城の月』、次いで1978（昭和53）年、仙台駅の『青葉城恋唄』で、どちらも郷土に縁がある音楽家を応援して地域を盛り上げよう、と構内で駅員が曲をかけまくった、という歴史があった。1985（昭和60）年には、旧国鉄阿仁合線（現：秋田内陸線）米内沢駅（現在の秋田県北秋田市）で『浜辺の歌』の録音テープを当時の町役場職員が持ち込み、駅員が流していた。

本書で紹介する18の駅は、音楽による地域おこしに力を尽くした人たちのドラマである。新幹線も走る有名な拠点駅から首都圏を走るJRや私鉄など主要路線の駅、ローカル線の無人駅までを網羅。東日本大震災からの復興や、「何の変哲もない街」が音楽で元気になっていく物語も紹介した。その土地ゆかりの駅メロで地域を盛り上げ、元気にしたいと考えている人たちは、全国に実は多いのではないだろうか。そんな皆さんにとって、本書が少しでも参考になるのならば嬉しいと思う。

もくじ

第３章　音楽を活用する街おこし……89

※特記以外、写真は著者撮影

第1章

駅メロのサクセスストーリー

JR仙台駅と『青葉城恋唄』 宮城県仙台市

地方の新人デビュー曲の大ヒットは、駅メロがきっかけだった！

ご当地ソングがなかった仙台

東北新幹線でJR仙台駅に着くと、『青葉城恋唄』（作詞：星間船一、作曲：さとう宗幸）のメロディが聞こえてくる。弦楽器の豊潤な音色は、流れる川面を思い起こさせるような、仙台フィルハーモニー管弦楽団の生演奏による音源だ。歌詞にある「広瀬川」「青葉城」「杜の都」の情景が浮かび、発車を知らせる鐘の音で締めくくられる。そのまま新幹線の旅を続ける旅行者には、ひとときの間、城下町・仙台を感じさせる癒しの時間だ。

仙台には長い間、不思議と「ご当地ソング」となる代表曲がなかった、という。市内有

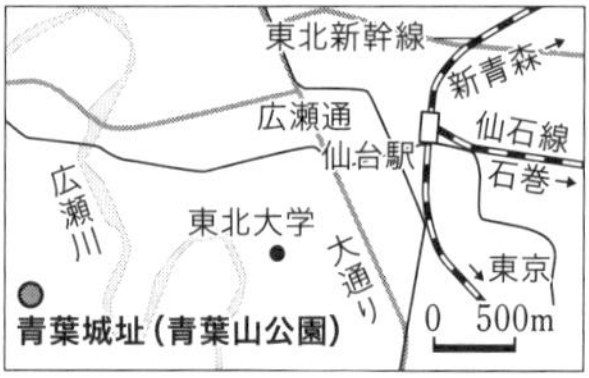

東北随一の都市の玄関・仙台駅では、いつも『青葉城恋唄』の清純なメロディが重なってくる

数の繁華街である国分町を歌った演歌も過去にはあったようだが、ヒットには至っていない。札幌や長崎などに比べると「歌にならない街というジンクスがあった」と研究家の山内繁さんは分析する（2023年4月4日付『河北新報』）。いっぽう『青葉城恋唄』の歌詞は、市内を流れる「広瀬川」、東北三大祭りの一つである「仙台七夕まつり」、「青葉通り」「杜の都」と、仙台の名所旧跡をフルに紹介。シンガー・ソングライターのさとう宗幸さんによる、透明感のあるメロディと優しい歌声が、仙台のイメージを決定づけた。「この歌を聴けば仙台を思い、仙台を思えばこの歌が聞こえるという、ご当地ソングの代表格になった」（山内繁さん、同記事より）。

遅咲きの新人、地方発で異例の100万枚、仙台駅長が立役者

『青葉城恋唄』は1978（昭和53）年5月発表、仙台を拠点に活動していたさとうさんのメジャーデビュー曲だ。地方在住の無名の新人だったが、仙台から人気に火が付き、シングル盤を100万枚も売る爆発的なヒットとなった。そのため、この時代を生きた人の多くは、きっと仙台というとこの曲という印象を今も持っているのではないだろうか。

実は、この大ヒットのきっかけはJR仙台駅（当時は国鉄）だったことは意外と知られていない。当時の駅長・米山晴夫さん（故人）が、郷土の若者の挑戦を応援しようと構内で曲をかけまくったのがその始まりだった。駅メロが持つ力の大きさを感じさせてくれる。

「当時の国鉄では、商業ベースに乗るようなことを勝手にやってはいけなかったはず。もしかしたら僕の曲をかけたことでお咎めを受けたのかもしれないけれど、毅然とした方でした。まさに英断。感謝してもしきれない。今もホームで一日に何回も流してもらえているのは、アーティスト冥利につきます」とさとうさんは振り返る。さまざまな苦労を重ね、30歳近くなって遅咲きのデビュー、地方発で異例の大ヒットとなったドラマがこの曲にはあった。

幼少時に宮城県に家族と転居してきたさとうさんは、音楽の道を志し、東北学院大（仙

当時を振り返るさとう宗幸さん

台市）在学中から歌声喫茶でアルバイトをしていた。卒業後は東京で一般企業に就職したものの、音楽を諦めきれず一年あまりで帰郷、再び歌声喫茶で働くなどしながら音楽活動を続け、同郷の女性と結婚して娘ももうけたが、なかなか人気が出ず、知人の借金の保証人になるなどして苦労した。

１９７７（昭和52）年にディスクジョッキーをしていたＮＨＫ仙台放送局のラジオ番組で、リスナーから寄せられた詞にさとうさんが曲をつける企画があった。『青葉城恋唄』と題した詞を送った星間船一さんは当時、仙台で活躍していたセミプロの作詞家で、仙台の情景とともに失恋のほろ苦さを綴った詞はさとうさんの琴線に触れた。「一気にイメージが膨らんで、作曲は放送予定の前日、ギターで三～四分で完成しました。あっという間にできる曲は皆さんに愛されるものだ、とあとで実感することになりました」と話す。

1977（昭和52）年当時の仙台駅。東北新幹線工事の真っただ中だった
1977.11.12　写真：交通新聞クリエイト

番組では、仙台市出身で東北大で機械工学を学ぶ榊原光裕さんがアシスタントを務めていた。独学でピアノを学び、仙台で活躍していたバンド「コンビネーションサラダ」のキーボード奏者でもあった。やはり仙台市出身のミュージシャンの稲垣潤一さんが、デビュー前にドラムを担当していた〝伝説のバンド〟でもある。榊原さんは『青葉城恋唄』に即興でアレンジしたピアノを合わせ、番組で生演奏したところリクエストが殺到、さとうさんのメジャーデビューが決まる。レコーディングには榊原さんも参加、「シンプルなメロディで故郷を歌う点が共感を得たのではないでしょうか」と話す。

上野行きの特急「ひばり」発車時に演奏、「紅白」の大みそかは夜通しかけて応援

『青葉城恋唄』は１９７８（昭和53）年５月にシングル盤が発売された。当時の仙台駅

特急「ひばり」は上野～仙台間を結んだ。当時、東京（上野）～東北地方間の列車は行先ごとに違う列車名が付され、それぞれの町の“ふるさと直結列車”でもあった　1970.6.17　宇都宮駅　写真：交通新聞クリエイト

の米山駅長は、上野～仙台間を当時、走っていた特急「ひばり」が仙台駅から発車する際のメロディとしてホームで、到着後には駅構内全体で、『青葉城恋唄』のレコードを音源とするテープをかけ続けた。『地元の歌を応援したい』と当時の国鉄本社にかけあったそうです」と、息子で父と同じように旧国鉄に入り、仙台駅の助役を務めたこともある元JR石巻駅長の俊秀さんは言う。また、駅構内のBGMとしてもひたすらかけ続けた。シングル盤の最初のレコードプレスは二～三千枚程度だったが、多くの乗降客が耳にした効果もあったのか、最初の一週間で、

仙台だけで三万枚を売り切った。

その後、ＮＨＫの朝の全国テレビニュースが「仙台で生まれた曲が驚くほどの盛り上がりを見せている」として紹介、さとうさんが旧青葉城の城跡でギターを弾きながら『青葉城恋唄』を歌う様子を生中継した。これを機に評判は爆発的に全国へと広がる。「全国のレコード店から、シングル盤の追加注文が万単位で殺到して。もう何が何だか分からなくなっていきましたね」とさとうさん。同年のＮＨＫ紅白歌合戦にも初出場を果たした。米山駅長は紅白歌合戦が放送された大みそかの12月31日夜、仙台駅で夜通し、『青葉城恋唄』をかけ続けて応援したという。

息子の俊秀さんによると、実は米山駅長はこの年のＮＨＫ紅白歌合戦に、審査員として出演のオファーがあったという。仙台発の『青葉城恋唄』のヒットが、それだけ社会現象となっていたからなのだろう。だが米山駅長は「大みそかという大事な日に駅を不在にすることはできない」と出演を断った。そんな経緯もあり、「当日はさとうさんの紅白出場を、駅構内放送で曲を流し続けて応援したのでしょう」。俊秀さんは現在、仙台駅に隣接するＪＲ系のホテルで働いており、父の遺志を継いで今も仙台駅を見守り続けている。

地方の新人のデビュー曲が突如、大ヒットした背景とは何だったか

『青葉城恋唄』がヒットした当時の歌謡界は、1960年代から1970年代にかけて一世を風靡したフォークソングの影が薄くなる一方、ピンク・レディーやキャンディーズなど女性アイドルが台頭し、カタカナの和製英語が飛び交うヒット曲が多くなった。その中でレコード会社は、新人としては遅咲きのさとうさんの特徴を出すため「杜の都の吟遊詩人」のキャッチフレーズで売り出した。「当時の僕は29歳で、『青葉城恋唄』の〝瀬音〟とか〝ゆかしき〟なんていう歌詞が、当時の大人に受け入れられたように思います。東北大出身の、当時で50〜60歳くらいの方々が『聴くと仙台を思い出す』とノスタルジーを感じてくださったようです」。

加えて「地方の時代」という世相も反映しているようだ。この当時、政府による東京への中央集権に疑問を呈する意見が、地方自治体の首長らを中心に活発に議論されていた。仙台は東北の一大都市であり、旧七帝大の一つである東北大学があって、〝学都〟とも呼ばれていた。「都会には負けない」という気概もあったろう。

しかし、もうひとつ。当時の鉄道の状況と駅という舞台の力は見逃せないのではないだ

ろうか。大ヒット当時、東北新幹線はまだできておらず、在来の東北本線がメインルートで、上野〜仙台間は特急「ひばり」がほぼ一時間ごとに運転されていた。この当時、東北各地と東京（上野）を結ぶ列車は、行先や通るルートごとに違う列車名が付されていたため、東北人それぞれの町の風土と心は、列車名で繋がっていた一面があった。盛岡行きの「やまびこ」や青森行きの「はつかり」、秋田行きの「つばさ」、山形行きの「やまばと」などが代表的だが、上野駅ではその列車が発車するホームに行くと、行先の町や沿線のお国訛りが聞けるほど根付いていた。

その中、「ひばり」は仙台行き。仙台人の心をも結ぶような大切な列車だった。その列車が仙台駅を発車するとき、つまり、ふるさとの家から旅立つ瞬間のこのとき、〝純仙台生まれ〟の『青葉城恋唄』の優しいメロディが見送ってくれるわけである。仙台人の琴線を揺さぶらないわけがないだろう。まさに、ふるさとや駅を大切にしたいという温かな心と列車が持つ力を知る、駅長ならではのアイデアだったと思う。

この歌をきっかけに仙台は、音楽の都を意味する〝楽都〟とも呼ばれるようになっていく。

仙台を離れず、創作を続ける

『青葉城恋唄』の大ヒットにより、さとうさんが歌番組への出演などのために東京へ行くことが増えた。

実はさとうさんは「乗り鉄」でもある。仙台から東京へ行く際、今は最短で一時間半あまりで着く東北新幹線を利用するが、それ以前に走っていた列車の中で過ごした時間を懐かしむ。当時は特急「ひばり」に加え、上野〜青森間を走っていた夜行列車もよく利用したという。

「『ひばり』は片道四時間で、譜面を書いたり詞の構想を練ったり、その参考になる本を読んだりと、まとまった貴重な時間でした。朝から東京で仕事がある際は夜行列車の急行『八甲田』もよく利用しました。夜9時台に発車して早朝5時台に到着。いま早いのは便利だけれど、創作時間には短い。ちょっと残念でもありますね」。

都会での仕事が増え、どんなに忙しくなっても、さとうさんは仙台を離れなかった。「妻も仙台出身で、当時は娘もまだ幼く、家族を連れて東京へ行く必要性を感じなかった。移動の不便さは、僕が我慢すれば済むことでした。音楽が氾濫した東京で、流行にかき乱されて追いまくられていたら、今の僕はなかったと思います。今に至るまで僕の曲は九割八分、仙台で書き上げています。クリエイティブなことを考えれば、仙台でなければいけないという思いもありました」。

『青葉城恋唄』以上のヒットを期待され、苦しんだこともある。さらに「上」を目指して東京に出てくるべきだという声もあった。「口の悪い友人たちは『宗さんの作る歌は雰囲気が一緒』という。抵抗する部分もあったけど多少、気にはなっていました。そんな時、ダークダックスのゲタさん（喜早哲　1930〜2016）に『さとう君、大いなるマンネリ、結構じゃないですか』と言っていただいた。その一言で吹っ切れました。今は『青葉城恋唄』を超える曲を作ろうとは、みじんも思いませんね」。

発表から45年余り、さとうさんは今も仙台を拠点に活動を続けている。1995（平成7）年からは、ミヤギテレビ（日本テレビ系）の平日、月曜から金曜に生放送されている夕方のワイドショー番組『OH！バンデス』の司会に就任。番組は高視聴率を維持し続けており、2024（令和6）年で30年目に入った。さとうさんは、親しみを込めて〝宗さん〟の愛称で呼ばれている。

仙石線開通60周年では、祝賀列車も運転された　1988.11.22　石巻駅
写真：交通新聞クリエイト

変わり続ける『青葉城恋唄』〜仙台フィルの生演奏〜震災復興と「楽都」への思い

『青葉城恋唄』が正式な駅メロに採用されたのは１９８８（昭和63）年11月、ＪＲ仙石線の開通60周年を記念したもので、最初から制作に参加していた榊原さんがシンセサイザーで演奏した、この歌をイメージした30秒のオリジナル音源だった。旧国鉄分割民営化を経て、１９８７（昭和62）年４月に発足したＪＲ東日本としては、ヒット曲を活用する初の発車メロディとみられる。民営化を機に顧客サービスを重視、「ベルよりはさわやかなイメージのメロディを流したい」という、当時の仙台駅長の依頼だった。

榊原さんは東北大を卒業後、米バークリー音大に留学した。帰国後は一時、東京で働いたが「さとうさんの影響もあって」出身の仙台市に戻る。1991（平成3）年から市中心部で開かれている野外ライブ、「定禅寺ストリートジャズフェスティバル」の立ち上げにも携わる一方、自らも音楽ユニットを組み、演奏、作曲、アレンジと幅広い分野で活躍している。アレンジでは最後に鐘の音を入れ、列車が発車するイメージを出した。

在来線で親しまれた駅メロは2016（平成28）年7月、正式に『青葉城恋唄』としてリニューアル、東北新幹線のホームで流れるようになった。榊原さんが、仙石線で流したオリジナル曲に、原曲のメロディをプラス、音源は仙台フィルハーモニー管弦楽団が生演奏で制作した。担当者は「駅で流してもらえることに誇りを感じます。駅を通ったお客さまから『生演奏に感動した』との反響もありました」と振り返る。榊原さんは「最初は『ベルじゃなくて分かりにくい』という指摘もあった。でも何万回と流れて今は街の風景の一部になった。僕が作ったと知られていなくても、うれしいことです」と話す。

ところで、このメロディには、2011（平成23）年3月11日に起きた東日本大震災の復興への願いも込められている。

さとうさんが震災に遭遇したのは、ミヤギテレビの局内、司会を務める『OH！バンデス』の生放送直前だった。局舎が被災して、放送は一週間あまり中断。番組再開時にさとうさんが真っ先に披露したのが、『青葉城恋唄』の弾き語りだった。「放送後、『失っていた日常が戻ってきた』という反響が寄せられた。僕の本業はあくまでも歌手。歌の力を感じました」とさとうさんは振り返る。

いっぽう仙台フィルも、震災後はいちはやく活動を再開した。1973（昭和48）年の創設以来、「ご当地オーケストラ」として親しまれてきた。震災当時、東日本全域で多くのコンサートが自粛され、さまざまな意見があった中で「私たちを駆り立てたのは災害によって傷ついた人々の心を癒やし、再生への力を与えてきた音楽の力に寄せる信頼と、仙台で音楽に携わる者としての使命感でした」（大沢隆夫専務理事＝当時）。

だが重要なレパートリーの一つである『青葉城恋唄』の演奏には慎重を期した。「あの人はもういない」という歌詞に津波や亡き人を連想する人がいるかもしれない、という配慮があった。演奏先の要望に応じ、演奏の可否を判断していたという（仙台市サイト「つなぐおもいつながる―東日本大震災から10年―」から）。

震災を経て『青葉城恋唄』は、ご当地ソングとしてだけではなく、音楽の力で再生していこうという「楽都・仙台」のシンボルともなった。

コンサートの花束を来場者にプレゼント、地元への恩返し

さとうさんは２０２３（令和５）年11月５日、仙台市内でデビュー45周年の記念ライブを行なった。私はこのコンサートを見に行った。一曲目は震災後の最初の番組で歌ったのと同じ、『青葉城恋唄』のギター弾き語りだった。会場内ロビーには、贈呈された多くの花がスペースいっぱい、あふれんばかりに飾られていた。地元銀行の頭取から、大企業の仙台支社長など財界人、飲食店など市井の人まで、「宗さん」が仙台でいかに多くの人々に愛されているかがよく分かる。

コンサート終了後、ロビーでは「どうぞお持ちください」というメッセージとともに、多くの花束が用意されていた。会場に寄せられた花から、スタッフが作り分けたものだった。音楽好きの私はこれまで多くのコンサートに足を運んできたが、こうした形で花をもらえたのは初めてだ。来場者への、さとうさんの感謝の気持ちだったのだろう。

「いいコンサートだったね」と、帰りがけに一緒になった来場者と話しながら最寄りの地下鉄の駅まで歩いた。全ては仙台駅と『青葉城恋唄』から始まった。心地よい余韻と花束とともに、仙台から東京行の新幹線に乗りこんだ。

第2章

きっかけは市民提案

ＪＲ豊後竹田駅と『荒城の月』　大分県竹田市

滝廉太郎とキリシタン文化の街を奏でる、日本最古の駅メロ

ＳＬ停車の待ち時間の間に聴く、戦後の人々の心癒すメロディ

大分から熊本まで、阿蘇を経由して九州を横断するＪＲ豊肥本線は、「九州横断特急」などのほか、観光列車「あそぼーい！」も走る基幹路線である。ＪＲ九州のマスコットキャラクターの黒い犬「くろちゃん」の愛くるしい表情が描かれ、子どもの遊び場も併設した車両は、車窓から見える絶景も相まって予約困難な人気列車だ。その中間のＪＲ豊後竹田駅を擁する竹田市は、岡藩の城下町として栄え、駅で流れるメロディは『荒城の月』（作詞：土井晩翠、作曲：滝廉太郎）。この地域で少年時代を過ごした作曲家、滝廉太郎（１８７９〜１９０３）が、岡城

址を想いながら、「西洋音楽に負けないものを作りたい」と書いた曲という。

大分合同新聞の記事（1963年4月26日付）に経緯が紹介されていた。駅の記録によると、放送が始まったのは1951（昭和26）年5月からで、旧竹田町の時代。一市民が駅にレコードを贈り放送を始めた。そのレコードが擦り切れて使えなくなってからは竹田町役場が補充した。記事が掲載された1963（昭和38）年までの十二年間で、使ったレコードは80数枚にのぼった。放送は改札係の担当。当時は一日30回の列車の発着があり、朝夕の通勤時間を除き一日20回ほどかけられた。「何時の列車で駅を通るからぜひ音楽をきかせてほしい」という申し込みまで届くようになったという。

「まだSL（蒸気機関車）が走っていた時代で、豊後竹田駅は、蒸気を作るための水の補給地でもありました。そのため停車時間が長く、『その間に音楽を聴きたい』という乗客からのリクエストがあった、という記録があります」と、元市立小学校教員で、竹田市ボランティアガイド委員会委員長の衛藤頼光さんは話す。当時のレコードの質が悪くて摩耗が速く何枚も取り換えたこと、駅長室の拡声器で聞かせていた等の記録がある。

当時の様子は川端康成の小説『波千鳥』（1953年発表）でも触れられている。竹田を訪れた女性が、手紙で、列車の出るたびに『荒城の月』が流れると書いている。駅構内

武家屋敷風のデザインが印象的な豊後竹田駅の駅舎

豊後竹田駅の駅名標には城跡と三日月のイラストが描かれている

にはそのことを紹介する資料が展示されている。

キリシタン文化と、洗礼を受けた滝廉太郎

プロローグでも触れたが、駅メロのスタートは戦後間もない時期で、豊後竹田駅は、確認できる中では「日本最古の駅のメロディ」だ。当時は国民全員が疲弊し、社会が混乱し、自治体運営も楽ではなかったはず。なぜその時代に始まったのか。元竹田市職員で、現在は「竹田キリシタン研究所・資料館」の館長を務める後藤篤美さんは言う。

「滝廉太郎は竹田が生んだ天才。その彼が作った『荒城の月』のメロディは、戦争ですさんだ人々の心を癒し、高揚させてくれたのでしょう。また当時の竹田町議会では、歴史と文化を前面に出したまちづくり、つまり『観光』を前面に出していこうとの決議がされています。現代でこそ同じように考える自治体は多いでしょうが、戦後の竹田町にこれだけの先進性があったのは、キリシタン文化があり、海外とつながりがあった影響があると思います。廉太郎が竹田の起爆剤となったのです」。

現在の竹田市の一部になっている朽網《くさみ》地方（現在の直入町、久住町の周辺）は16世紀当時、キリスト教の「日本八大布教地」の一つで、１５５４（天文23）年には豊後地方で初

の教会も建てられた。後藤さんが館長を務める「竹田キリシタン研究所・資料館」では、関連資料を収蔵、展示している。そんなキリシタン文化の影響もあったのか、廉太郎は21歳の1900（明治33）年、東京で洗礼を受けクリスチャンになっていた。東京音楽学校（現在の東京芸術大学）を首席で卒業し、ピアノ科の授業補助をしていた時期だ。その翌年、詩人の土井晩翠が作詞した唱歌の懸賞に応募して『荒城の月』を発表した。こうした歴史を振り返ると、このメロディには、迫害を受けたキリシタン、滅びた岡城に対する廉太郎の追憶の想いが感じられる。

実は広く知られる『荒城の月』のメロディは、大正時代に作曲家の山田耕筰が歌いやすく編曲したバージョンだ。廉太郎のオリジナルは、冒頭の「春高楼の花の宴」のうち、「はなのえん」の「え」が半音上がるなど、一部の音や小節のテンポが実は異なる。だが1987（昭和62）年秋に駅を訪れた俳優の小沢昭一（1929〜2012）が「廉太郎ゆかりの地には、原曲がふさわしい」と当時の後藤宗昭市長に訴えた。これを契機に竹田市は「原曲が流れるまちづくり」に乗り出した。1988（昭和63）年には、原曲を竹田市少年少女合唱団が歌い、その録音テープを市から駅に寄贈した（大分合同新聞、1988年7月21日付）。

原曲にこだわるのには「竹田は滝廉太郎の本家本元」という誇りが市民にあるからだろう。

郷土の英雄でおぼっちゃま・滝廉太郎

ＪＲ豊後竹田駅周辺を歩くと、滝廉太郎に関するさまざまな施設がある。大分県出身で、東京で官僚だった父の転勤で竹田に移り住み、10歳代前半の多感な時期に暮らした官舎を改装したのが「滝廉太郎記念館」だ。直筆の手紙や楽譜、銅像がある。ピアノ演奏と作曲に飛び抜けた才能を持ち、15歳で東京音楽学校（現在の東京芸術大学）予科に進学、首席で卒業した後にピアノ講師として大学に残った。ここで2年先輩の作詞家、東くめとのコンビで『お正月』『鳩ぽっぽ』『雪やこんこん』を手掛け、他にも唱

滝廉太郎記念館

滝廉太郎の像

歌『箱根八里』『花』など、誰もが知るメロディを書いている。

才能を認められ、ドイツ・ライプチヒ王立音楽院に国費留学するも、結核で帰国を余儀なくされた。大分に戻って療養したものの回復せず、23歳で夭折する四か月前に作曲を完成させた最後のピアノ曲のタイトルが『憾《うらみ》』で、自筆の楽譜が展示されている。

この曲はYouTube上で演奏を聴くことができる。清らかなメロディから始まる3分ほどの曲は、死を前にした悲しみや無念さの奥に、数々の唱歌や童謡で、歌うはずの子どもたちを想いながら書いたのだろう優しさが垣間見える。迫害を受けたキリシタン文化への郷愁も感じられ、廉太郎が人生への想い全てを注ぎ込み、最後の力を振り絞って書いた曲であることがよく分かる。もっと知られてよいピアノ作品ではないだろうか。

滝廉太郎記念館の近くには〝廉太郎トンネル〟と呼ばれる小さなトンネルがある。通ると代表曲の『花』や『荒城の月』が流れる仕掛けだ。その傍に、廉太郎の竹田での少年時代のエピソードを紹介する掲示がある。

「非常に肝っ玉が大きかった」「月のない夜、少年ばかり集まって、岡城の石を取ってくる肝試しをした」「友人たちはみな恐ろしくなって途中で逃げ帰ったが、廉太郎は闇の中を四つん這いになって坂を登り、目的の石を悠々と持ち帰り、皆を驚かした」（竹田商工

廉太郎トンネル

会議所青年部作成）。

「廉太郎は今で言うところの上流階級の〝おぼっちゃま〟です。でも運動神経抜群、人柄も良く人気者、音楽の才能は卓越した天才で、みんなの憧れの的だったようです。そんな彼の留学が決まった時は、当時の竹田の人に大きな夢と希望を与えたと聞いています」（後藤篤美さん）。

２０２３（令和５）年で没後１２０年となった現代でも、市民の尊敬の念は変わらず強い。竹田市は年間を通じ、廉太郎を記念した演奏会やコンクールを行い、中でも「滝廉太郎記念全日本高等学校声楽コンクール」は、廉太郎の歌を歌う高校生が全国から集まり、同年で77回目を数える歴史がある。「こうした形で、全国の若い人たちにも滝廉太郎を知ってもらいたいです」（衛藤頼光さん）。

竹田の「キリシタン文化」と「サンチャゴの鐘」

竹田市は『荒城の月』に続く、もう一つのメロディを売り出そうとしている。城下町を築いた岡藩が、キリシタン文化に寛容だったという歴史があり、禁教令の下で密かに竹田に運び込まれ、長い間、隠されていた「サンチャゴの鐘」という鐘があった。それをモチーフにした叙情演歌『サンチャゴの鐘』（作詞：横井弘、作曲：船村徹）が、２０１３（平成25）年８月からＪＲ豊後竹田駅で流れている。『荒城の月』は列車到着を知らせるメロディ、『サンチャゴの鐘』は発車を知らせるメロディとして使い分けされている。

この歌は作曲家で歌手の船村徹（１９３２〜２０１７）が竹田を訪れた際の印象をもとに１９７３（昭和48）年に書き、歌手の舟木一夫が歌ったが、当時はヒットには至っていない。これが、２０１２（平成24）年に竹田市が企画した「岡藩城下町４００年祭」のテーマソングとして39年ぶりに復活した。竹田の発展に尽くした中川家の初代藩主、中川秀成（１５７０〜１６１２）の没後４００年を記念した祭りだった。

竹田市は２０１２（平成24）年、船村徹が歌う『サンチャゴの鐘』をテーマソングとしてCDを制作、駅のメロディは縁のあった秋田市のハンドベルグループが制作した。2012（平成24）年7月の九州北部豪雨により不通となっていたJR豊肥本線の全線復旧を記念したイベントの一環として実現した。

船村は400年祭のさ中の2012（平成24）年9月に竹田市でコンサートを行い、『サンチャゴの鐘』を弾き語りで披露した。「400年の時を経てよみがえった鐘の音は、心に染みる美しい音色でした。サンチャゴの鐘が竹田、日本、そして世界中の平和の象徴になることを願ってやみません」と話している（西日本新聞、2012年10月5日）。

サンチャゴの鐘とは銅製の鐘で、江戸時代初期の1612（慶長17）年に造られ、その年号および「HOSPITAL SANTIAGO」の文字と十字の刻印がある。長崎市にあったサンチャゴ病院付属協会に保存されていたものとされ、1614（慶長19）年の江戸幕府の禁教令以後、弾圧

サンチャゴの鐘
写真提供：竹田キリシタン研究所・資料館

を避けるため、何らかの手段で岡藩に渡ったとみられる。重量は108kg。このようなキリシタンベルは国内に4個、現存するといい、その中でも最大級の鐘だ。長く岡城の中に隠されていたとみられ、1871（明治4）年に岡城を取り壊した際に発見された。

発見後は中川神社（竹田市）に収蔵され、1950（昭和25）年には国の重要文化財に指定されたが、市の資料館に移されたまま眠っていた。「400年祭」を機に、鐘に日の目を当てようと考えたのが当時の竹田市長の首藤勝次氏である。

「何かしなくてはと、資料館の収蔵物を見に行ったら、『サンチャゴの鐘』があり、1612と刻印されている。これだなと。何かに導かれていたような気がします」と首藤さんは鐘を見つけた時のことを振り返る。「サンチャゴは日本語に置き換えれば聖人ヤコブのこと。ヤコブはスペインを異教徒から守る軍神でもありました。日本にキリスト教が入ってきた戦国時代の武将たちは、軍神にあやかろうとして、戦いに勝利した時に『サンチャゴ』と叫んだといいます」と竹田キリシタン研究所・資料館館長の後藤さんは言う。

竹田にはキリスト十二使徒のひとり、ヤコブと思われる石像で、岡城址の下で1961（昭和36）年に発見された「伝・ヤコブ石像」のレプリカ、朽網で見つかった十字架の上部「INRI石碑」（INRIとは「ユダヤ人の王ナザレのイエス」という意味）に関する展示、「サンチャゴの鐘」のレプリカなどがある。

「豊後の国」の未来～「キリシタン文化」の街として～

大分県はかつて「豊後の国」と呼ばれた。竹田は中心の一つで、肥沃な大地と湧水に恵まれた岡藩の城下町である。ＪＲ豊後竹田駅の駅舎は岡城址を模して造られた白壁造りの純和風だが、朽網地方は平戸、山口、京都、堺などとともにキリスト教の布教地で、１５５３（天文22）年には宣教師が訪れている。朽網は長崎から豊後を結ぶ中間点にあり、炭酸泉で知られる長湯温泉があって湯治も兼ねて宣教師たちが立ち寄ったため、ともいう。

岡藩は豊後を始めとする九州で勢力を拡大し、〝キリシタン大名〟といわれた大友宗麟（１５３０～１５８７）の孫で、同じくキリシタンだった志賀親次（１５６６～１６６０）が藩主の時代にも信者が増えた。その後の戦国時代末期、豊臣秀吉の天下統一の時代に大阪の摂津地方から新しい藩主として移ってきた中川秀成も、キリスト教には寛容だったようだ。父の中川清秀（１５４２～１５８３）は、キリシタン大名の高山右近（１５５２～１６１５）の従兄弟でもあった。摂津地方は、日本に初めてキリスト教を伝えたフランシスコ・ザビエル（1506〜1552）が鹿児島に上陸して、京都に行く途中に通過した地域で、キリスト教の布教初期に多くの武将が、キリスト教のもたらす南蛮文化に影響を受けた土地という背景もあっただろう。

江戸幕府は1612（慶長17）年にキリスト教禁止令を出したが、岡藩では近県の他藩より殉教者ははるかに少ない。禁教令には逆らえなかったものの、最低限の弾圧にとどめた様子がうかがえるという（サイト「TAKETAキリシタン謎PROJECT」から）。

弾圧された時代に使われた「キリシタン洞窟礼拝堂」が街のはずれにある。小さなほこらのような造りで、自然の洞窟ではなく、弾圧時代（1615〜1624頃）に、ノミで掘って作ったらしい。竹田のキリシタンたちの、信仰を守り抜こうとした強い意志が感じられる。

竹田を舞台にした歴史小説が続々、ドラマ・映画化への期待

戦後間もない頃から観光を前面に打ち出した竹田、今後はキリシタン文化でもアピールを強めることになりそうだ。2024（令和6）年2月から日本経済新聞で作家の諸田玲

子氏が連載する新聞小説『登山大名』は、岡藩の第三代藩主を務めた中川久清（１６１５～１６８１）が主人公で、登山が好きで、江戸幕府への反骨を胸に、大胆な藩政改革に取り組んだ地方大名の生涯を描く（日本経済新聞、２０２4年1月23日付）。キリシタン文化にも触れることになるのだろう。また、２０２１（令和３）年に作家の赤神諒が発表した小説『はぐれ鴉』は、『登山大名』とほぼ同時代の竹田を舞台にしたミステリーで、新進気鋭の作家に授与される大藪春彦賞を２０２３（令和５）年に受賞した。

「いずれも映像化されれば、竹田市の観光振興にこの上なく有効なものになると予想されます。竹田市全体でこの映像化に取り組むことが急務と考えています」（後藤篤美さん）。

滝廉太郎の生涯は、これまで何度か映画や舞台の題材になっている。キリシタン文化も背景にした時代小説をベースにした映画で、新たな魅力を発信できるか。その際には廉太郎の楽曲も、何らかの形で活用してほしいと願う。

※２０２4年3月下旬から、豊後竹田駅の『サンチャゴの鐘』は、滝廉太郎『花』に変わりました。

ＪＲ呉駅と『宇宙戦艦ヤマト』 広島県呉市
市民提案から実現、「戦艦大和」の街で響く平和の願い

ＪＲ呉線は、瀬戸内海沿いをゆく風光で知られるが、もともとは軍都・呉を結ぶために敷設された重要路線。東京や大阪から直通列車も運転されていた
2020.9.26　安芸幸崎～須波
写真：交通新聞クリエイト

歴史ある街に響く勇壮なメロディ

ＪＲ呉線は瀬戸内海沿いを走るローカル線で、車窓からは穏やかな海が太陽の光でキラキラ光り、広島名産の牡蠣の養殖棚が浮かんでいる

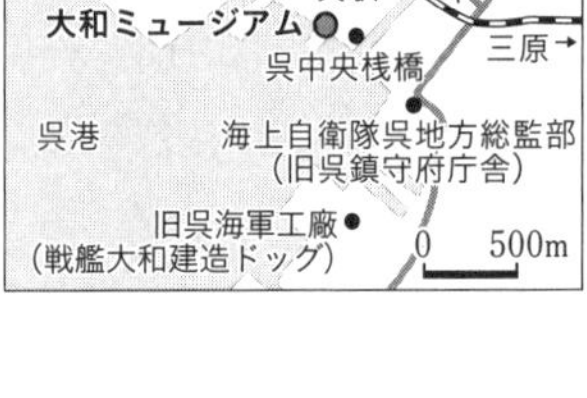

のが見える。その拠点となる呉駅では、列車が近づくのを知らせる『宇宙戦艦ヤマト』（作詞：阿久悠、作曲：宮川泰）の勇壮なメロディが流れている。聞くと、ああそうか、ここは戦艦大和が建造された街、海軍の街だったと改めて気づくのだ。

かつては海軍の本拠地、呉鎮守府があり、今は海上自衛隊と海上保安庁、その教育施設を擁する。セーラー襟の制服を着た、かつての「水兵さん」のような若い隊員たちと出くわすことも多い。駅から徒歩5分ほどの海沿いには、呉の技術と戦艦大和の歴史を伝える「大和ミュージアム（呉市海事歴史科学館）」があり、コロナ禍前には全国から年間90万人もの来館者があった。呉は、太平洋戦争中の市民の暮らしを描き、マンガや劇場用アニメが大ヒットした『この世界の片隅に』（２０１６）の舞

呉は『この世界の片隅に』の舞台でもある

呉駅の駅名標にも、戦艦大和がお出迎え

台でもあり、主人公のすずさんが歩いたであろう、街中のそこかしこに残る当時の名残には、海軍工廠があった時代にタイムスリップする感覚さえある。この街に、「ヤマト」のメロディはすんなり溶け込んでいる。

　この駅メロは市民提案がきっかけで実現した。２０１２（平成24）年、呉市が主宰した「みんなの夢・アイデアコンテスト」で「呉駅のメロディを『宇宙戦艦ヤマト』に」との提案が金賞を受賞。ＪＲ西日本の系列会社が音源を制作し、翌年７月から列車が接近する際に流れている。主に三原方面へ向かう上り線ホームでは歌が始まるフレーズ、広島方面の下り線ホームでは前奏部分と、それぞれ違うメロディだ。「呉駅を利用されるお客様からも好評で、窓口でお褒めの声を頂くほか、『宇宙戦艦ヤマト』ファンや鉄道ファンの方々が、ホームで写真を撮っている姿を見かけることもあります」（ＪＲ西日本広島支社）。

大和ミュージアムの戸高一成館長は「聞いた途端に口ずさめるメロディで、ミュージアムとあわせて呉市の印象を形作っている」と話す。大和ミュージアムのシンボルは、実物大10分の１の戦艦大和だ。

アニメ化から50年、リメイク版も根強い人気

アニメ作品として知られる『宇宙戦艦ヤマト』はプロデューサーの西崎義展（１９３４〜２０１０）が企画し、漫画家の松本零士（１９３８〜２０２３）も参加する形で、１９７４（昭和49）年秋にテレビアニメとして放送された。舞台は近未来２１９９年。地球は異星人からの攻撃で放射能汚染が進み、人類滅亡まであと一年に迫っていた。そこに14万８０００光年離れたイスカンダル星からの宇宙船が火星に不時着する。放射能除去装置を取りに来るように、とのメッセージと、時空を超えた「ワープ」を可能にする波動エンジンの設計図が収められていた。これを受け、太平洋戦争中に沈んだ戦艦大和を模した「宇宙戦艦ヤマト」を建造し、放射能除去装置を受け取りにイスカンダルまで宇宙航海に

出る沖田十三艦長以下、古代進、森雪ら乗組員の物語である。

人間ドラマとSFが絡み合う、当時としては斬新なアニメだった。西崎は主題歌の作詞を阿久悠（1937〜2007）、作曲を宮川泰（1931〜2006）に、歌はささきいさお氏に依頼。だが1974（昭和49）年の放送当時は裏番組に人気アニメ『アルプスの少女ハイジ』があり、視聴率が伸びず途中で打ち切りになる。それでもこの作品へのこだわりが強かった西崎の執念で、再放送から人気に火がつき、1977（昭和52）年に劇場版アニメが公開され大ヒット。翌年に制作された続編『さらば宇宙戦艦ヤマト　愛の戦士たち』をはじめ、テレビアニメや映画でシリーズ作品が続いた。

2012（平成24）年からは第一作目をベースとしたリメイクシリーズがスタートし、宮川泰の長男で、作曲家の彬良氏が音楽を手掛けている。テレビ放送と劇場上映を組み合わせる形で『宇宙戦艦ヤマト　2199』、『宇宙戦艦ヤマト2199　星巡る方舟』、『宇宙戦艦ヤマト2202　愛の戦士たち』『宇宙戦艦ヤマト2205　新たなる旅立ち　前章─TAKE OFF─・後章─STASHA─』と続き、最新作『ヤマトよ永遠にREBEL3199　第一章　黒の侵略』が2024（令和6）年7月から上映される。根強いファンが多く、これまでも劇場上映に先駆け、彬良氏の指揮によるオーケストラのコンサートが開催されれば即完売だったという。

阿久悠、宮川泰のコンビで「天下一品の最高傑作」

『宇宙戦艦ヤマト』の主題歌は、阿久悠の詞に宮川泰がメロディをつける形で作られた。阿久は西崎の「熱っぽい企画意図の説明に酔わされながら、作詞をした。クライマックスの説明で、涙を流したプロデューサーは、彼が初めてである」と自著『歌謡曲の時代〜歌もよう人もよう』（新潮社）に書いている。阿久は生前「アニメーションという、世界に誇る日本文化のさきがけとなった」とも話していたという。また宮川はこの詞が「天下一品の最高傑作」で、曲は「僕の代表作だと思っているので、人一倍の愛着があります」と自著『若いってすばらしい』（産経新聞出版）に書いている。

メロディは、甲子園の高校野球の応援ソングや、高校のブラスバンド部の演奏歌として今もおなじみだ。ブラスバンド用に編曲したのは彬良氏だ。最初のアニメ放送時は中学生だったという。「当時は妹が『アルプスの少女ハイジ』をお茶の間のテレビで見ていて。裏番組の『ヤマト』を僕は父の部屋にあった白黒ポータブルテレビで見ました。『かっこいいなあ』と凄くシビれました。次の日、学校でその話をしたら、一学年90人中、見ていた同級生が2人だけ（笑）」。

元軍国少年・宮川泰の作曲に「スイッチが入る」

宮川泰はザ・ピーナッツの『恋のバカンス』『ウナ・セラ・ディ東京』など多くのヒット曲を持つ。ムード歌謡やアメリカンポップス風の曲が多く、軍歌調の『宇宙戦艦ヤマト』は異質だ。これは宮川が、太平洋戦争中に少年時代を送り、当時は典型的な「軍国少年」だったことと関係がありそうだ。「父は絵が得意で、鉛筆で『戦艦大和』をよく描いていたそうです。だから『ヤマト』と聞いた途端、父の中で何かのスイッチが入っちゃったんじゃないかな」と彬良氏は言う。1970年代当時は、まだ太平洋戦争を経験した年代が現役世代だった。西崎義展、阿久悠、そして宮川泰。「宇宙戦艦といえども、太平洋戦争中のイメージを重ねて物語を建て直したと聞きました」（彬良氏）。

彬良氏は、高校生時代には、続編の映画『さらば宇宙戦艦ヤマト　愛の戦士たち』（1978年公開）のレコーディングに、父の指導のもとパイプオルガンで参加した。その後、東京芸術大学に進学し、作曲家となって以降、折々で『ヤマト』に深く関わることになる。2012（平成24）年からはシリーズ版4作の作曲を担当している。違和感なくつながる作曲家親子の「ＤＮＡ」があるらしい。「父とは同じような感性、マインドを持ち理解しあっていた部分があります。『ヤマト』に関しては父の時代から、手間暇かけて音楽を作らせてもらっている。『ヤマト』は音楽のおかげで流行ったという意識が業界にはある」と振り返る。

原爆投下の広島で、違う視点から戦争をみつめる～大和ミュージアム

『宇宙戦艦ヤマト』の根強い人気は、戦艦大和へのノスタルジーとも重なり合う。「46センチ砲の大砲を搭載した、当時としては世界一の軍艦でしたが、その力を発揮できないまま沈没した。とにもかくにも悲劇的運命の人に同情する『判官びいき』の意識がある日本人の心にぴったりくる。フォルムの美しさも魅力です」と大和ミュージアムの戸高館長。

戦艦大和は１９４１（昭和16）年12月、呉海軍工廠で、当時の最先端の技術を駆使して極秘裏に建造された世界最大の軍艦だった。１９４５（昭和20）年４月、沖縄特攻作戦に向かう途中、米艦載機の攻撃を受け沈没、乗組員３３３２人のうち３０５６人が亡くなった。その建造技術は戦後、大型タンカーの建造や自動車、家電製品の生産など幅広い分野に応用され、日本の復興を支えてきた。

大和ミュージアムの目玉展示でもある戦艦大和10分の1模型
写真提供：大和ミュージアム

大和ミュージアムでは実物大の10分の1の模型や、大砲の模型、生存者の証言など歴史的資料が収められている。開館は戦後六十年の２００５（平成17）年で、海軍史の研究者でもある戸高館長が、設立準備から協力した。当初は「原爆の落ちた広島で、戦争を肯定するような施設を造るのか」といった誤解もあったという。だが戸高館長は「教育施設として歴史、戦争の悲惨さを伝える」と位置付けて理解を求めた。「広島に来て、原爆ドームで被害者としての戦争を、呉市に来て別の視点から戦争を深く考えてほしい。また呉海軍工廠での建造工程を繙くのは、日本の産業史、モノづくりの歴史を繙くことにもなる」。コロナ禍前の年間90万人の来館者数のうち、２万人が修学旅行生だったという。

戦艦大和に関する基礎資料はほとんど残っていない。終戦間際に米軍に情報が漏れるのを恐れた海軍が全て焼却してしまったからだ。数千枚はあったはずの建造記録の写真も数枚しか残っていない。そんな中で当時、戦艦大和の大砲を削り出した大型旋盤が戦後、メーカーに払い下げられたあとに現役を終え、ミュージアムで保存・展示されることになった。旧海軍がドイツから購入した旋盤は、長さ約16ｍ、重さ約１６０ｔ。工作物を取り付ける円形の盤は直径３・２ｍの大きさで、２０２２（令和４）年に69年ぶりに呉市に寄贈されて戻ってきた。そして保管・展示に向けたクラウドファンディングが行なわれた。

呉は、瀬戸内海ならではの穏やかな海が迎えてくれる歴史ある町だ

当初の目標額を短期間で達成し、最終的に2億7000万円が集まった。2023（令和5）年3月に始まった一般公開では見学に長蛇の列ができ、今も変わらない戦艦大和の人気ぶりを裏付けた。

呉市の未来とヤマトのメロディ

ただ、呉市の地域経済は決して順調とは言えない。

日本製鉄の瀬戸内製鉄所呉地区（旧呉製鉄所）は2023（令和5）年9月末に事業を停止した。1951（昭和26）年に事業を開始、日本の高度成長を支えた製鉄所だったが、国内需要の減少や、廉価な中国産など海外勢との競争激化により経営が悪化、約七十年の歴史に幕を閉じた。約3000人の従業員のうち半数が配置転換や再就職を迫られた。戦艦大和で培った技術を、時代を超えて、この地の新しい産業に転用はできなかったか。観光地としては、広島から日帰りで訪ねられる場所であり、もう一段の魅力があれば、宿泊をともない観光客が地元にお金を落としてくれる、何とかならないか、といった声も聞くことがある。

彬良氏は、父の泰の究極の夢が、曲の「詠み人知らず」になることだったと振り返る。

『いま生きている人が全員、入れ替わったあとで曲が残る。自分の縁者もいない、誰が作ったか分からなくていい。ワクワクするよな』って。壮大なロマンですね」。

駅に流れる『宇宙戦艦ヤマト』のメロディは、勇壮でいて、オルゴール調の音がどこか耳にする人の気持ちを和らげる。列車の発車時に、乗客が急いで駆け込むようなことのないように、との優しさも配慮されている。平和への願いも込めて、時代を超えて、呉市の人々、そして多くの人々を励ましていくことを願ってやまない。

JR横手駅と『青い山脈』秋田県横手市
石坂洋次郎への思いとエレクトーンで奏でた中学生の希望

「かまくら」で知られる豪雪地帯に響く明るいメロディ、その理由は

秋田県横手市は日本有数の豪雪地帯にあり、厳冬期には数メートルに及ぶドカ雪が街を包む。その雪を生かした「かまくら」が風物詩で、毎年2月には「雪まつり」が行なわれる。市内各所に作られた雪室の中で、地元の子どもたちが温かい甘酒やお菓子を用意し、「おざってたんせ（どうぞおいでください）」と迎えてくれる。観光客にとっては心も体も温まるひとときだが、実際のかまくらは、そんな甘いものではないらしい。

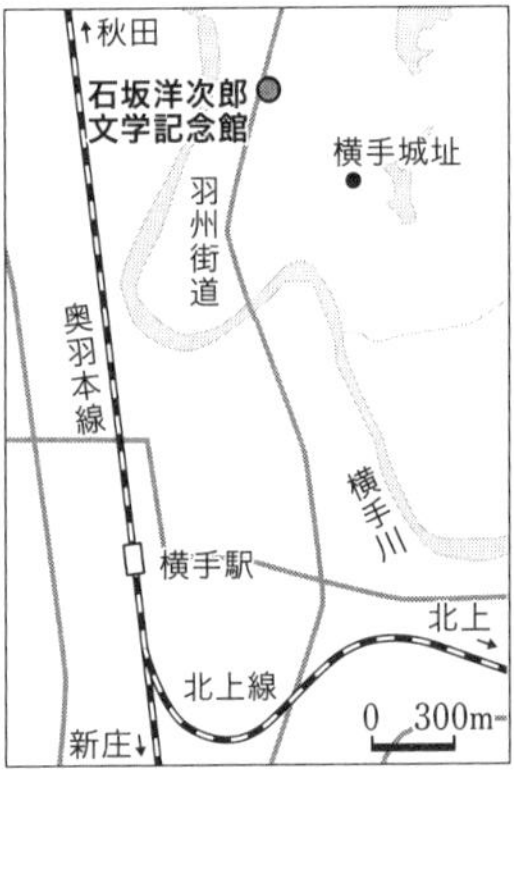

横手市出身の漫画家で、『釣りキチ三平』の作者である矢口高雄（１９３９〜２０２０）は、貧しかった少年時代、この雪が大嫌いだった。「かまくらは、屋根からの雪下ろしで、軒下にたまった雪を再利用しただけ。その雪も、屋根からそりを滑らせて降りるために集めて固めたもの。僕にとってはつらい雪下ろしの記憶の方が先に立つ」（『釣りキチ三平の夢　矢口高雄外伝』藤澤志穂子、世界文化社　２０２０）。横手市には、生前の矢口が開設に尽力した「増田まんが美術館」があり、漫画の原画の保存を、文化庁の支援を受けながら進めている。漫画は日本が海外に誇る貴重な文化であり、原画を浮世絵のように散逸させたくないという矢口の遺志を引き継いだ事業だ。

冬季は雪に埋もれる横手駅。雪国では、鉄道は大切な生活の足だ

横手市の玄関口であるＪＲ横手駅は、秋田駅から奥羽本線で二時間あまり。発車メロディは『青い山脈』

（作詞：西條八十、作曲：服部良一）で、戦後の1947（昭和22）年に作家・石坂洋次郎（1900～1986）が新聞小説として発表、1949（昭和24）年に映画化された際の、同名の主題歌だ。映画は今井正監督、原節子主演で大ヒット。曲は歌手の藤山一郎（1911～1993）が歌い、同じく大ヒットした。物語は高校における「偽ラブレター事件」を発端に、男女交際や女性の権利向上、民主主義の在り方などをユーモラスに描いており、当時の若い世代に熱狂的に支持された。昭和を代表する映画であり、記憶に残る明るいメロディが2011（平成23）年秋から駅メロに採用された。

『青い山脈』がなぜ横手駅で？　そんな疑問が「雪まつり」で全国から訪れる観光客からも、駅に多く寄せられるという。

青森県出身の石坂は戦前の一時期、横手市で教鞭を取った時期があり、その際の経験が『青い山脈』に反映されているという。そのため、横手市には石坂洋次郎の文学記念館が設立された縁があった。

「震災で観光客が激減した街を元気にしたい」～市職員の思い、少年がメロディをアレンジ

駅メロを発案したのは横手市職員の大友幸憲さん。当時は市観光物産課に在籍し、

２０１１（平成23）年3月に発生した東日本大震災の余波による観光客の激減に直面していた。「横手を何とか元気にしたい」と、同年秋に予定されていたＪＲ横手駅の改装オープンに合わせたメロディの導入を思いつき提案、ＪＲ側が快諾した。

選曲では地元のアマチュアバンドが、ご当地グルメ「横手焼きそば」を歌う『やきそばロック』や、１９４５（昭和20）年に公開された映画『そよかぜ』の主題歌『リンゴの唄』も候補に上がったという。この映画は、リンゴの産地である横手市増田で一部ロケがあり、監督の佐々木康（１９０８～１９９３）が現在の横手市出身、『リンゴの唄』は歌手の並木路子（１９２１～２００１）が歌い大ヒットした縁があった。だが、最終的に『青い山脈』で決着する。

音源の制作ではいったん、市民コーラスによる生歌が検討された。ただ『青い山脈』は短調の曲で、藤山一郎が歌うと明るいが、コーラスでは暗い印象になってしまうことが判明。そこで当時中学1年生だった、市内在住の佐藤亮太さんが抜擢される。ヤマハ音楽教室のエレクトーン講座に通い、コンクールで何度も入賞経験を持つ少年だった。

佐藤さんは、石坂洋次郎の記念館が横手市内にあることは知っていたが、『青い山脈』については何も知らなかったという。「最初に曲を聴いた時、短調で暗い印象を持ちました。誰が聞いても分かるイントロを使い、最後は長調の和音にして、明るいイメージで終わらせました。エレクトーンはシンセサイザー以上にさまざまな音が出せるんです」と振り返る。

駅メロはシニア層に特に好評で、石坂に関心を持ち、記念館を訪ねる人も増えたという。いっぽう、高校生など若年層には「古すぎてよく分からない」という反応もあるそうだ。メロディをきっかけに、関心を持ってくれるとよいのだが。

石坂洋次郎に寄せる、吉永小百合さんの信頼と尊敬

その石坂洋次郎文学記念館を支援しているのが、俳優の吉永小百合さんだ。少女時代にデビューした吉永さんは、これまで１２０本以上の映画に出演、うち10歳代から20歳代にかけて石坂作品を原作とする16本の映画に出演した。『青い山脈』は過去５回、映画化されており、吉永さんは１９６３（昭和38）年に公開された三作目に主演、石坂とは深い縁があった。『青い山脈』で綴られた戦後の新しい時代の息吹を、吉永さんはひしひしと感じていたという。

「『こんなことまで女性が男性に言うの？』といったセリフが小気味よくて」。『青い山脈』

は偽のラブレターが男女交際に波紋を広げていく物語で「あれもある種のいじめ。それをはね返す力も大事だし、女性が力強く生きていく素晴らしさを知りました」。

吉永さんが出演した石坂作品は、新しい時代に明るくたくましく生きようとする女性を描いたものが多い。例えば、吉永さんをモデルに石坂が原作を書いて映画化された『風と樹と空と』（１９６４）は、俳優の浜田光夫さんとの名コンビで、住み込みで働くお手伝いさんを演じている。

吉永さんと生前の石坂とは、父と娘のような関係だったという。

「何でも相談しました。人生の先生であり、学校の先生、父親であり、でした。先生に

石坂洋次郎文学記念館（横手市ホームページから）

とっても、私は子どもであり、生徒であり、みたいな思いがおありだったのではないかと思います」。

1973（昭和48）年にテレビ局のプロデューサーと結婚する時は、両親を始め周囲の猛反対を受けた。「でも先生が『僕は小百合ちゃんの味方になるよ』と言ってくださって。披露宴でも真っ先にご挨拶して下さって。お宅にも何度もお伺いして、作品に出演した以上に、人生についていろいろ伺うことができました」。

記念館に写真やサインを寄贈

吉永さんが横手市にある石坂洋次郎文学記念館を知ったのは偶然だった。

2016（平成28）年、吉永さんはJR東日本のCMとポスターを、横手市の観光名所の一つ「増田の蔵」で撮影した。東北経済の拠点として栄えた豪商たちの蔵は、豪雪地帯のため母屋で覆われた独特の構造を持つ。このポスターは大人気となり、「増田の蔵」が全国区となった。「吉永小百合さんが撮影した場所で同じ写真を撮りたい」と今も多くのファンが訪れる観光名所となっている。

吉永さんは撮影の際に、近くに文学記念館があることを知り、訪ねた。昭和初期の町家と土蔵をイメージした建物だが、「駅から場所が遠くて内容も真面目すぎちゃって。『人を引きつけるには、もうちょっと工夫が必要』と私のものをいくつかお送りしました」。記念館には吉永さんのサインや出演映画のポスターのほか、生前の石坂と撮影した記念写真、石坂の葬儀で読んだ、吉永さん自筆の弔辞が展示されている。実の父と娘のような親しさ

石坂洋次郎文学記念館で保存されている写真や色紙、ポスター、弔辞など

だったことが伝わってくる資料だ。

石坂作品は現在、ほとんどが絶版となっている。「先生の本が本屋さんから消えているのが、私にとっては悲しくて残念なことです。『女性上位』が、そんなに目新しいことではなくなった。『時代が追いついて特別なものではなくなった』といったことを、（評論家の）長部日出雄さんがおっしゃっていました。でも、とても面白いですし、若い人にもぜひ読んでほしい。また蘇ると思っています」。

横手市職員の大友さんは、「石坂がこの地にいたという〝宝〟は、黙っていると廃れてしまう。駅メロが継承のきっかけになってほしい」と期待する。メロディを聞いた吉永さんは「なかなかいいですね。中学生が一所懸命、演奏してくれたのがとても嬉しいし、先生のことを多くの皆さんが知るきっかけになってくれたらよいですね」と話す。

メロディを作った少年は看護師に、音楽の夢も追う

演奏当時、中学生だった佐藤亮太さんはその後、県立横手高校を卒業。秋田大学医学部保健学科に進み、看護師の資格を取得した。現在は横手市内の総合病院に勤めながら、学生時代から取り組むNPO法人「うにとろ」での音楽活動を続けている。高齢化率が全国

一の秋田で、高齢者に寄り添う地域医療に関わりながら音楽を続ける道を選んだ。『青い山脈』をきっかけにライブの誘いを受けることも多い。ライブでは『青い山脈』を演奏、特に高齢者に喜ばれているという。コロナ禍でライブができない日々が続いたが、最近は秋田県内の商業施設などで演奏するほか、東京でもチャリティライブを開くなど、看護師の仕事と両立させながら積極的に活躍している。「病院でも演奏会を開きたいとずっと考えていました。音楽で皆さんを癒す仕事をしたいんです。コロナ禍も明け、今度こそ何とかしたいと思っています」と目を輝かせる。

流行作家だった石坂洋次郎が書き、戦後の時代の幕開けを予感させ、多くの若者たちを勇気づけた『青い山脈』が、吉永小百合さんの支援も得て、横手駅のメロディにもなって現代にも息づいている。これも一つの音楽の力なのだろう。

秋田内陸線米内沢駅と『浜辺の歌』
秋田県北秋田市

かつて鉱山で栄えた街は、成田為三で「音楽と笑顔の駅」に

旧鉱山鉄道、風光明媚な峡谷に、海外から観光客が多数

秋田県の山間部を走る「秋田内陸線（秋田内陸縦貫鉄道）」には、「応援したい」と思わせる何かがある。角館（仙北市）から鷹巣（北秋田市）まで94・2kmを走る第三セクター鉄道。絶景の峡谷を渡り、春には桜、夏には沿線で「田んぼアート」を披露するなど、四季折々に風光明媚なローカル線だ。国内はもとより、海外からも多くの観光客を集めている。別名「スマイルレール」、地域総出で守り、

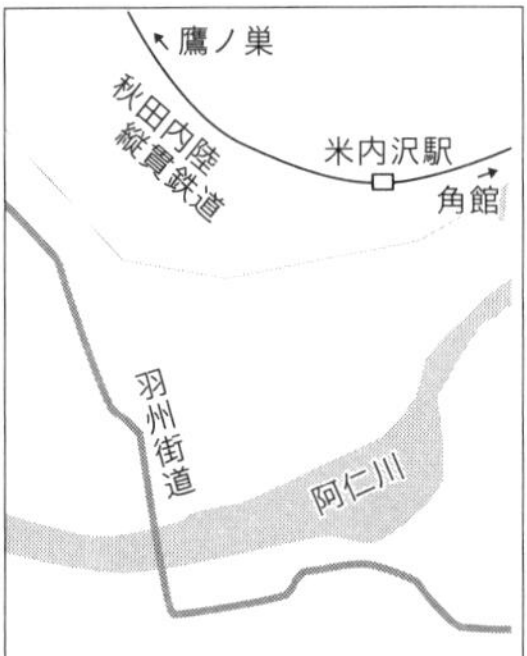

盛り上げようとする熱意には圧倒される。

人気は「ごっつぉ（秋田弁で「ごちそう」）玉手箱列車」で、沿線のお母さんたちが停車駅ごとに乗り込んで手作り総菜を振る舞う。山菜や地場野菜をふんだんに使った「素朴な田舎の味」を、絶景を見ながら味わう旅は好評で、予約はすぐに埋まってしまう。

私は、評判を聞きつけて来た米国人の男性旅行者と、真冬の時期にこの列車に乗り合わせたことがある。米西海岸のＩＴ企業に勤めるカークさんで、南米や欧州、豪州の鉄道を乗り歩いてきた〝猛者〟が、仕事では何度か来ていた日本で、「雪の中を走るローカル線に乗りたい」と休暇を取ってやってきた。彼は車窓から見える雪の中の絶景を頻繁にカメラに収め、「ＢＥＮＴＯ（弁当）列車アメイジング（すばらしい）！」を連発していた。

もともと秋田内陸線は昭和初期に、沿線の旧阿仁鉱山から鉱石を運ぶために設置された旧国鉄阿仁合線がルーツである。かつては多くの通勤・通学客で賑わったが、鉱山は１９７８（昭和53）年に閉山、その後の地域は過疎化に歯止めがかからない。秋田県や周辺自治体が経営を支え、存続の条件は「年間２億円以内の赤字」。辛うじてクリアしてきたが２０２２（令和４）年８月には沿線を豪雨が襲い、米内沢を含む鷹巣～阿仁合間が不通になってしまう。同年末に復旧。ギリギリの経営が続くローカル線の生き残りとは、どうあるべきなのか。

秋田内陸線の中継点の米内沢駅（北秋田市）は、早くから駅メロを志向していた。旧国鉄時代の1985（昭和60）年5月、旧森吉町（現在の北秋田市）の職員が『浜辺の歌』（作詞：林古渓、作曲：成田為三）の駅のメロディへの起用を発案。成田為三（1893〜1945）が旧米内沢村《よないざわ》（現在の北秋田市）出身という縁からで、当時の旧森吉町長から、米内沢駅長に音源のテープが贈呈され、列車の停車時に鳴らしていたという。1986（昭和61）年に旧国鉄から経営が秋田県に移管され、第三セクターの秋田内陸線となってからも使われていたが、次第にテープが摩耗。1990（平成2）年頃、シンセサイザーによる音源に差し替えられた。2019（平成31・令和元）年に音源は新たにアレンジされ、現在、使われているのは三代目になる。

成田為三〜「浜辺の歌音楽館」と墓所がある米内沢〜

成田は旧米内沢村（現在の北秋田市）で生まれた。師範学校を出て、秋田県内の小学校で教えたのちに現在の東京芸術大学に進学し、作曲を山田耕筰に師事した。卒業後は児童雑誌『赤い鳥』を主宰した鈴木三重吉（1882〜1936）と親しくなり、同誌に童謡を発表するようになる。

『浜辺の歌』を成田は東京音楽学校（現在の東京芸術大学）在学中の1915（大正4）年頃に作曲した。学生の練習用に歌人の林古渓が描き下ろし、学内誌に掲載された詞「はまべ」に曲をつけた。成田は故郷近くの米代川への、林は幼い頃に訪れた藤沢市の辻堂東海岸への追憶を、それぞれ思い浮かべて作ったともいう。1918（大正7）年に楽譜として出版される際に題名が『浜辺の歌』となり、日本の代表的な唱歌に成長した。

米内沢には1988（昭和63）年に、成田の功績を伝える「浜辺の歌音楽館」が開館した。北秋田市が運営しており、駅から徒歩15分ほど。のどかな田んぼが広がる地域で、ひ

米内沢駅

浜辺の歌音楽館

ときわ目立つ、大正時代をイメージした八角形の洋風建築だ。1階は成田の作品をヘッドホンで聴くリスニングルーム，2階には等身大の成田の像がピアノを奏でている。自筆の楽譜や遺品、年表など見ごたえある資料が多い。そばの龍淵寺には成田の墓がある。

『浜辺の歌』二代目のメロディをアレンジ、演奏したのが北秋田市職員の木村静子さんだ。秋田大学で音楽教育を専攻し、音楽館の運営に携われる人材を探していた旧森吉町に就職、自らシンセサイザーで演奏した。「成田が残した『変奏曲』を参考にしました。原曲は音楽館でも聞けますよ」と木村さん。北秋田市の少年少女合唱団などの指導も手がけている。

木村さんが制作した駅メロは、列車到着の3分前に2コーラスが鳴っていた。「直前だと子どもたちが駆け込み乗車をする恐れがあって危ないから」という優しい配慮だ。成田作品の魅力を木村さんは「きれいなメロディを追いかけて歌う『輪唱』が多くて、子どもたちが歌いやすい点」と指摘する。

人々が集まる「音楽と笑顔の駅」

秋田内陸線は２０１９（平成31・令和元）年、さらなる活性化のため、米内沢駅に「音楽と笑顔の駅」というキャッチフレーズをつけた。そこで約三十年ぶりにメロディを改定することになった。秋田内陸線の吉田裕幸社長が、ミュージシャンの向谷実さんに『浜辺の歌』のアレンジを依頼、２０１９（令和元）年11月から三代目のメロディとして流れている。向谷さんはフュージョンバンド、カシオペアの出身で東京出身。秋田には縁もゆかりもなかったが、成田への尊敬の念と鉄道ファンという縁から、無償で音源を提供した。向谷さんはほかにも秋田内陸線の阿仁合駅、鷹巣駅にメロディを提供している。

米内沢駅の“駅長”

駄菓子屋「赤い鳥」が駅の構内に

米内沢駅の乗降客数は一日あたり約50人、うち約30人が高校生。かつては沿線の阿仁合や鷹巣への通勤・通学客で賑わったが、今は人口減少に歯止めがかからない。運営は2015（平成27）年度から地元のNPO法人ハッピーデリバリーに委託している。佐藤信子理事長は「お年寄りなど近所に住む人たちが集まれる場所にしたい」と、構内に駄菓子屋を開いた。名前は「赤い鳥」。温かいコーヒーも飲める。

構内には近隣で出土した縄文時代の遺跡の「岩偶」のオブジェを〝駅長〟とし、地元の小学生たちが作ったユーモラスな「岩偶絵描き歌」を紹介。音楽館の資料や図書を備え、自由に弾ける電子ピアノも置いてあり、たまに弾きに訪れる親子もある。ちょっとした文庫もあり、列車を待つ人、そうでない人もふらっと立ち寄り、コーヒーに駄菓子をつまみながら本を読んでいる。

『浜辺の歌』のメロディは、列車の行き来がない時間帯にスタッフに頼むと二代目、三代目とも聞かせてくれる。二代目はひなびた田舎に似合う、ほのぼの懐かしいような音、三代目は現代風のアレンジといったところだろうか。

ＪＲ辻堂駅でも「浜辺の歌」～秋田出身の小学校長が縁を結んだ合唱～

『浜辺の歌』は２０１６（平成28）年12月、ＪＲ東海道線の辻堂駅でも発車メロディとして採用された。駅開設１００周年を記念した採用で、サビと冒頭の部分をホームの上りと下りで使い分けている。林古溪（１８７５～１９４７）が、辻堂東海岸（神奈川県藤沢市）を思い浮かべながら作詞した、という逸話からだ。辻堂駅からバスで20分ほど行った辻堂東海岸には、「浜辺の歌・作詞場所」の解説板が立つ。

二つの駅を結んだのは秋田県男鹿市出身で、藤沢市で長く小学校教諭を務めた加藤真一さん。定年退職後に故郷に戻り、湘南地域との交流で秋田を活性化させるプロジェクトを開始。藤沢市の有志で作るＪＲ辻堂駅の開設１００周年事業実行委員会に、『浜辺の歌』

の発車メロディの採用を働きかけた。委員会は2万8000人分の署名を集めJR東日本に要望、実現の運びとなった。

2016（平成28）年11月末に藤沢市で行なわれた駅100周年記念式典には、北秋田市職員の木村静子さん率いる「浜辺の歌音楽館少年少女合唱団」9人も参加。前日には辻堂東海岸へ行き、「浜辺の歌・作詞場所」の解説板の前で『浜辺の歌』をアカペラで歌った。「海のない北秋田市の子どもたちが海を見て歌うのは初めて。大喜びでした」と木村さん。式典では『浜辺の歌』を藤沢市の合唱団と大合唱。2018（平成30）年6月には「浜辺の歌音楽館」30周年を祝い、辻堂駅の100周年実行委員会が置き時計を寄贈した。「もっと秋田と湘南の交流が深まってほしい」と加藤さん。

辻堂東海岸の解説板

春一番が吹いた数日後の2024（令和6）年2月下旬、私は辻堂東海岸を訪ねてみた。海岸に出てみると相模湾の視界が一気に開けた。解説板は砂浜の後ろにひっそりと佇んでいる。それによると林古渓は幼少の頃、父に連れられてこの海岸で「右に富士の麗峰、伊豆の山々、沖に煙たなびく大島、左望めば房総半島、手前に三浦半島、近くに江の島」を見たらしい。その思い出が鮮烈に残り後年『浜辺の歌』を書くに至った、という。この日は２月にしては珍しい温かさで、広い海岸線を埋め尽くすほどの多くのサーファーたちが集まっていた。辻堂駅から海岸まで行く道すがらも、サーフィン関連ショップが軒を連ねている。

そんな風景は、林古渓が見た当時とはやや違うのかもしれない。ただ遠い先まで見通せる海岸線は変わらない。気づいてみれば、私自身も林古渓が子どもの頃に見た景色を想い、歌詞のように「昔のことぞ」「昔の人ぞ」「忍ばるる」であった。

帰りのＪＲ辻堂駅構内では、辻立ちのバイオリニストが『浜辺の歌』を奏でていた。やはりこの曲は、街の顔なのであろう。

北秋田市では、成田の功績を偲ぶ「浜辺の歌音楽祭」が２００６（平成18）年から開催されている。２００５（平成17）年に旧森吉町など４町が合併して北秋田市となったことを契機としており、『浜辺の歌』など成田作品を歌い継ぐ音楽祭だ。市内の小中学校や市民団体、コーラスグループが一堂に会する。２０２２（令和４）年11月には、コロナ禍の中止を経て３年ぶりに15回目が開催された。延べ参加者１万人以上を数えている。

２０２３（令和５）年の16回目は成田の生誕１３０周年、音楽館の35周年となり、会場内に『浜辺の歌』が響きわたった。その直前、成田の命日の10月29日には、地元の少年少女合唱団による墓前演奏が行なわれた。こちらも毎年実施されている会で、最後は『浜辺の歌』の合唱で締

成田為三関係の所蔵品や自筆原稿（取材協力＝北秋田市教育委員会、著者撮影）

めくくった。

海のない北秋田市で、『浜辺の歌』が歌われ、湘南にも広がった。成田為三と林古渓の功績は現在も、多くの人々の心を温め続けている。

成田為三の墓

ＪＲ目白駅と『赤い鳥小鳥』東京都豊島区

大正デモクラシーを今に伝える自由闊達な街とメロディ

地域の風景に溶け込む「銀の鈴」のメロディ

目白は、学習院大学や日本女子大など複数の学園を擁する文教都市、そして高級住宅街として知られている。古くから住む住民も多い一方、高級マンションが相次いで建設され、新たに転入してくる富裕層も多い。そんなイメージを映すかのようなステンドグラスが美しいＪＲ目白駅の中央改札を出ると、鐘の音に続き童謡『赤い鳥小鳥』（北原白秋作詞、成田為三作曲）のメロディが聞こえてくる時間帯がある。ロータリー左手にあるバリアフリーのエレベーター「銀鈴の塔」が奏でている音楽だ。てっぺんには「銀の鈴」が飾られている。目白の風景にすっと

JR目白駅。右側に「銀鈴の塔」がある

溶け込んでいるかのような建物と音楽は、掲示を見ると、制作したのは豊島区にキャンパスがある東京音楽大学で、メロディが鳴るのは一日5回、四季折々に音源は違うらしい。そして「銀鈴の塔」の設置を豊島区に働きかけたのは、地域住民で構成する目白地域協議会だった。調べてみると背景には、目白の街並みと文化を守っていこうとする多くの関係者の願いがあった。

ＪＲ目白駅周辺は、武蔵野台地の南向きの斜面に位置し、湧水の源がある谷あいの土地で、江戸時代には農家が集まる集落だった。目白駅の開業は１８８５（明治18）年で、１９２２（大正11）年に改修された際は、線路の上に駅舎が設けられた日本で初めての橋上駅だった。

谷あいの土地であるがゆえに、急な坂道も多く、目白駅の正面口から裏手に下りるには、〝銀鈴の坂〟と呼ばれる急な勾配のらせん階段を下りるしかなかった。「銀鈴」とは、湧水をイメージした愛称だ。

文教都市としての目白は明治時代以降、当時の都心部の校舎が被災したり、手狭になったりで、まとまった土地が確保できる郊外として教育関係者に注目されたことに始まったようだ。学習院が、災害で被災した四谷のキャンパスから移転したのが1908（明治41）年、日本女子大の開学は1901（明治34）年と明治時代。その近くに教育者の羽仁吉一・もと子夫妻が1921（大正10）年に自由学園を設立していた。

『赤い鳥』の鈴木三重吉が居を構えた目白

明治時代から昭和初期にかけては、華族や文化人が居を構えた。江戸時代に徳川家の狩猟場だった土地を、明治時代には公家の五摂家の筆頭、近衛家が買い取り邸宅を構えた。1914（大正3）年には、日本に縁が深い中国の革命家・孫文を支援した活動家、宮崎滔天（1871〜1922）が転居、終生を過ごした。「情熱の歌人」といわれる柳原白蓮（1885〜1967）の夫で、社会活動家の宮崎龍介（1892〜1971）の父である。昭和初期には尾張徳川家19代当主の徳川義親侯爵が１９３４（昭和９）年に邸宅を構えた。尾張徳川家に伝わる文化遺産や史料を管理する徳川黎明会の本部は今も目白にある。

児童文学者の鈴木三重吉（１８８２〜１９３６）は広島市出身、教員を経て東京に出て、夏目漱石門下の小説家となり、欧州の童話の翻訳を経て、児童文学誌『赤い鳥』を１９１８（大正７）年に創刊した。明治時代以来、政府が主導してきた教訓的な唱歌や物語ではなく、子どもの感性を育む質の高い芸術としての童謡や童話の発表を目指した。北原白秋（１８８５〜１９４２）が主な作詞を担い、作曲には成田為三、山田耕筰らが参画した。

童謡『赤い鳥小鳥』とは、『赤い鳥』１９２０（大正９）年４月号に掲載された。「赤い鳥小鳥、なぜなぜ赤い。赤い実を食べた」という歌詞が、二番では「白い鳥／白い実」、三番では「青い鳥／青い実」となる、誰もが聞いたことがあるだろう。

鈴木は雑誌発行所の「赤い鳥社」を兼ねた自宅を目白に持ち、何度か周辺で転居している。現在「赤い鳥社・鈴木三重吉旧宅跡」の掲示板がある場所には、１９２２（大正11）年から１９２４（大正13）年にかけて住んでいたとされる。童謡『赤い鳥小鳥』が「銀鈴の塔」に採用されたのは、鈴木が目白に住んでいた縁からだった。

自由闊達な文化が生きる、地域のコミュニティ

『赤い鳥』を始めとする文化人らの歴史は、目白のコミュニティに自由闊達、自主独立の精神を伝えているように見える。「とはいえ、長く住んでいる住民も歳を重ねれば、階段や坂道を下りるのはきつくなるし、狭い歩道も歩きにくくなる。住みにくいからと引っ越していく住民も少なからずいたのです。なので街の佇まいはそのままに、住みやすいコミュニティにしたいと考えました」と、目白地域協議会の世話役で、戦後から目白に住む印刷会社経営の青木滋さん。

それがバリアフリーのエレベーター「銀鈴の塔」で、自転車や車いすでも楽々と移動ができる広さとした。協議会でデザインを考えているうち、「ただ階段を作り替えるだけではもったいない」という話になる。せっかくだからシンボルとなる「銀の鈴」を飾ろうと、そして音楽を流そうというアイデアに発展する。「流すなら『赤い鳥小鳥』でしょう」と考えた青木さんは、音源制作を、旧知の東京音楽大学の関係者に打診した。話はとんとん拍子に進んでいく。

大学の地域貢献のあり方～東京音楽大学が音源制作～

東京音楽大学は、前身の東洋音楽学校が１９２４（大正13）年に神田駿河台下から雑司ヶ谷（現・豊島区南池袋）に移転、昭和初期には成田が教鞭を取った学校でもあった。２０１０（平成22）年には豊島区立中央図書館との共同企画で、『赤い鳥』ゆかりの童謡に関する講演と合唱のイベントを実施したこともあった。

そうした経緯から東京音大はこの申し出を快諾。作曲指揮専攻／作曲／「映画・放送音楽コース」（現ミュージック・メディアコース）の堀井勝美教授のチームで取りまとめることになった。同コースは作曲家で現在は同大学名誉教授の三枝成彰氏が立ち上げた専攻で、ドラマや映画、舞台など多くのエンターテインメント作品で作曲や編曲を担当する人材を輩出している。チームにはキーボード奏者の難波弘之主任教授がピアノとシンセサイザーで参加、難波氏は中学から大学まで、目白にある学習院出身という縁もあった。

チームでは緑豊かな目白の街のイメージに合うよう、鐘の音から始まる導入曲は二種類制作し季節により使い分けている。建物最上部に置かれた鐘から響く導入曲に続き、春、夏、秋、冬の季節に合わせた四種の編曲を施した『赤い鳥小鳥』を制作した。これは目白地域協議会が駅前で花壇「四季の広場」を育てていることにちなんでいる。春はチェンバロ調の音をイメージした明るいバロック風、夏はアコーディオンとリコーダー調の音による元気なメリーゴーランド風、秋は木管四重奏とシロフォン調の童謡風、冬はピアノを中心とした室内学風の音になっている。

編曲（アレンジ）は春と夏を石川洋光准教授、秋と冬を土屋真仁准教授が担当した。土屋准教授は「古い童謡ですが、古いイメージにならないよう気を遣いました。地域の風景に溶け込んでいるのならうれしいです」と話す。全ての音源を学内で収録し、ミックスダウンまで済ませた。大学教育の一環で、その過程は授業「4リズムヘッドアレンジⅢ・Ⅳ」内で行なわれ、制作過程のみならず、著作権や契約書作成など実務面についても講義をしたという。ちなみに作詞者、作曲者とも死後70年が経過しており、著作権使用料は徴収の対象にはならず、原盤の権利は東京音大が保有することになるが、音源使用者には一切の費用がかからないよう覚書を交わしている。

全国どの地方のどの大学にとっても、地域貢献は大きな課題の一つである。東京音大では、学生たちに演奏を披露する機会を提供する狙いもあって、生演奏によるコンサートを、主に豊島区内のイベントや記念式典などで行なってきた。音源の制作と提供は、新しい形での地域貢献で、一日5回ずつ、一年365日にわたり目白駅前で奏でられており、地域の人々に親しまれる目白の風景の一部となっている。

　一連の取り組みをコーディネートした原山耕造参与は「先生方には忙しい合間を縫って対応していただき、学生たちにもよい教育になりました。何より『銀鈴の塔』への音源提供で、地域に貢献できることが嬉しいです」と話している。

　『赤い鳥小鳥』のメロディが流れるのは一日5回（7時半、8時、12時、15時、18時＝3月21日から9月22日までは18時半）、四季折々にメロディが違い、春（3月21日～6月21日）、夏（6月22日～9月22日）、秋（9月23日～12月21日）、冬（12月22日～3月20日）と分かれている。２０２３（令和５）年12月に目白を訪ねた際に聞こえてきたのは、雪のクリスマスの中で響くような、清らかな音色だった。「付近から『うるさい』と苦情が出ないよう、鳴らすのは一日5回にとどめ、音量や時間帯にも気を使いました」と目白地域協議会の青木さんは言う。

「赤い鳥社」の心を繋ぐギャラリーと、自由学園「明日館」

　鈴木三重吉の旧居跡は何回か所有者が変わり、長く住んだのはイタリア文学者の千種堅《ちぐさけん》（１９３０～２０１４）であった。

千種堅が書き残した『赤い鳥』にまつわるエピソードによると、千種が住んでいた当時も、歴史と文化の薫り高い地域だったようだ。旧居跡と知るファンが、『赤い鳥』の雑誌を預けに来たこともあったという。「我が家に来るまでに、中国の革命家、孫文の寄宿していた家がある」「孫文と切っても切れない宮崎滔天宅は、わが家のちょっと奥まったあたりにある」「滔天と孫文が三民主義を論じながらこの道を歩いた姿も想像される」「同じ宮崎家の情熱の歌人、柳原白蓮女史が、銀髪もまぶしい細身の姿で、背をしゃきっと伸ばして歩いておられるところを私はこの目で見ている」(毎日新聞、1985年5月15日付の寄稿「わが家は赤い鳥社跡」から)。千種の夫人は、この場所で画廊を経営していたという。

旧居後は現在「ギャラリア赤い鳥」というギャラリーになっている。主宰する井汲典夫さん・春江さん夫妻が

「ギャラリア赤い鳥」。左側に鈴木三重吉旧居跡を示す案内板がある

この地に転居してギャラリーを開いたのは２０１５（平成27）年、千葉県習志野市にあった自宅が東日本大震災による液状化現象で住めなくなり、春江さんがかつて、目白と同じ豊島区の池袋の学校に通っていたことで移転先の物件を周辺で探したところ、紹介された先がたまたま目白の「赤い鳥社」跡だった。

千種夫人が経営していた画廊を引き継ぐ形でオープン。千種にちなんで、イタリア語で画廊を意味する「ギャラリア」と名付けた。典夫さんは画家としてコンクールへの入賞経験もあり、自らキャラクターをデザイン。目白にちなんだ鳥の「メジロ」を赤い色にした「赤い鳥」である。刺繍や工芸の教室、個展を随時開催、多くの人たちが集まる場所となっている。地域のつながりを大切にしたいという夫妻は「これもご縁ですね」と微笑む。時折、鈴木のファンが訪ねてくることもある。井汲夫妻は鈴木の親族とも交流があり、広島市で行なわれた三重吉の法要にも招かれた。

ギャラリーからそう遠くない場所には自由学園「明日館《みょうにち》」がある。「日本初の女性新聞記者」と自称する羽仁もと子が、夫の吉一とともに、新時代の日本のため女性や子どもの啓蒙に取り組み、１９２１（大正10）年４月に26人の女生徒を集めて、この地でスタートしたのが自由学園だった。世界的な建築家フランク・ロイド・ライト設計の洋館が今も佇む。自由学園は総合学園となり1934（昭和9）年にキャンパスを現在の東久留米市に移した。「明日館」は見学可能で、今も公開講座やさまざまなイベントが行なわれている。2023（令和5）年8月、コロナ禍後に初めて行なわれた屋外の「ビアテラス」では、首都圏から複数の地ビール工房やレストランが出張、夏の夕べのひと時に、多くの人たちが語り合いながら舌鼓を打った。

映画館もあった目白、徳川義親侯爵の果たした役割

こうした個性を持つ目白で「徳川義親《よしちか》侯爵の存在は大きかった」と目白地域協議会の青木さんは言う。

自由学園「明日館」で開催されたビールイベント

徳川義親は活動的な華族として知られ、戦前にマレー半島でトラ狩りをしたことで〝虎狩りの殿様〟として親しまれ、学習院に飼育用としてクマをプレゼントしたこともあるユニークな殿様だった。戦争中は、戦災で校舎が焼失した学習院のために教室用として邸宅を貸し出したりもした。

その徳川義親の勧めで戦後、青木さんの父が目白で映画館「白鳥座」を１９５３（昭和28）年に立ち上げ、運営していた時期がある。「『目白を文化的な街にしたい』という徳川侯の思いがあったと聞いています。当時の学習院は戦後に旧宮内省傘下を離れ一般学校となったものの、資金不足で設備が整っておらず『映画館を学生向けの視聴覚教室として使いたい』という希望もあったそうです」（青木さん）。「白鳥座」と命名したのは、戦後の東京の復興計画に従事した都市計画課の石川栄耀だったという。

映画館は２００人収容の本格的な施設で、英エリザベス女王の戴冠式の様子を撮影した『女王戴冠』（１９５３）や、米国の西部劇映画『シェーン』（１９５３）、石原裕次郎主演の作品などを上映していた。一時は満員御礼の状況が続いたが、テレビの台頭で１９６０（昭和35）年に閉館した。

その後に印刷会社を興した父から事業を引き継いだ青木さんは、目白駅前の花壇運営など目白の街づくりに貢献を続け、ＪＲ東日本から表彰されたこともある。秋篠宮家の悠仁親王が誕生した２００６（平成18）年には、目白駅前でお祝いのイベントと、親王の「お印」である高野槙の植樹も企画した。学習院は目白の敷地内に幼稚園、男子の中・高等科、そして大学があり、現在の天皇陛下が浩宮徳仁親王として、秋篠宮殿下も礼宮文仁親王として通ったキャンパスである。「悠仁さまも『いつか学習院に来られるはず』とその時は思っていたので、盛大なお祝いをしたんですが」と青木さんはちょっぴり残念そうに振返る。

明治時代以来の文化と、大正デモクラシーの機運とが根付く目白の街、全てを包み込むのが『赤い鳥小鳥』のメロディになった。四季折々のメロディを聴きながら、今一度、歴史を偲んで歩いてみたい。

第3章

音楽を活用する街おこし

JR茅ヶ崎駅と『希望の轍』『海その愛』　神奈川県茅ヶ崎市

湘南サウンドが生まれる街の風景

サザンか加山雄三か

茅ヶ崎は海岸沿いの街であり、湘南サウンドのイメージが強い。代表格は「サザンオールスターズ」だろうか。リーダー桑田佳祐さんの出身地で1978（昭和53）年のデビュー曲『勝手にシンドバッド』は鮮烈で、歌詞に茅ヶ崎が歌われるからか。サザンオールスターズは2000（平成12）年8月に、海岸にほど近い茅ヶ崎公園野球場で初の凱旋コンサートを開催、これを機に駅の発車メロディの企画が持ち上がった。所属事務所も快諾したといい、翌年3月に、地元商工会議所が駅前で「どの曲がふさわしいか」のアンケートを実施。約1万人が寄せた回答中

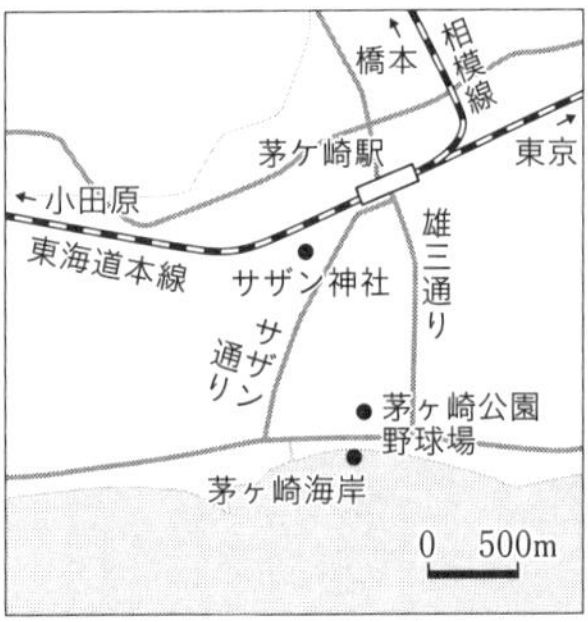

東海道本線茅ケ崎駅は、多くの名曲の舞台となった茅ヶ崎の玄関駅だ

のトップが『希望の轍』だった。ライブで必ず演奏される、明日への希望を感じさせる定番曲だ。

茅ヶ崎商工会議所はＪＲ東日本横浜支社に実現の要望書を提出。だが、この企画は頓挫する。関係者の話を総合すると、当時はまだ駅のメロディが普及しておらず、楽曲の使用は、視聴覚に障害を持つ乗降客の妨げになりかねない等、ＪＲ側が実施に二の足を踏んだことが理由らしい。

サザンオールスターズのメロディ導入には、実は反対意見もあったと聞く。茅ヶ崎市は約25万人が住む東京のベッドタウンで、古くから住む住民もいれば、新しく移ってきた人たちも多く、市民の意見は一枚岩にはなりにくい側面がある。

茅ヶ崎はサザンオールスターズに限らず、土地にゆかりを持つ音楽家を多く輩出している。シニア層にとって、湘南サウンドの代表格は加山雄三さんである。「駅メロには、サザンより、加山さんの曲の方がふさわしい」といった声もあったようだ。

歴史を遡れば、作曲家では山田耕筰（１８８６〜１９６５）が一時期、居住していたほか、中村八大（１９３１〜１９９２）、平尾昌晃（１９３７〜２０１７）、歌手の尾崎紀世彦（１９４３〜２０１２）、ミュージシャンの加瀬邦彦（１９４１〜２０１５）、喜多嶋修さん、若手ではBE FIRSTのSOTAさん、SuchmosのYONCEさんなど錚々たる顔ぶれが並ぶ。

駅メロの企画が再び日の目を見たのは２０１３（平成25）年。サザンオールスターズが5年ぶりに活動を再開、8月に再び茅ヶ崎公園野球場で凱旋コンサートを開催し、桑田さんに市民栄誉賞が贈られた。商工会議所は再び署名活動を始め、約1万人分を集め要望書をＪＲに提出。２０１４（平成26）年10月に実現した。東海道線の上り線でイントロ、下り線でサビの部分が流れている。

メロディはサザンオールスターズ自身が監修。「（１９９０年発表の）レコードバージョンではなく、ライブで原由子さんが弾くバージョンをベースにしています」と、実現に尽力した石井政輝さん。茅ヶ崎で高糖度のミニトマトを育てる農家の16代目だ。「桑田さんは自分のラジオ番組で茅ヶ崎についてよく語っている。『地元愛』は物凄く強いはずです」。

「あやかり商売」と「そっとしておいてあげたい」気持ち

ＪＲ茅ケ崎駅南口を出ると、商店街「サザン通り」があり、縁結びのチタン製のモニュメント「サザンＣ」がある海岸「サザンビーチちがさき」まで２㎞ほどのそぞろ歩きになる。

ここからは、サザンの

サザンビーチちがさきにあるチタン製のモニュメント「茅ヶ崎サザンC」

サザンオールスターズの歌では定番の「烏帽子岩」

曲に登場する烏帽子岩と江の島が臨め、サーファーも集う。

途中には桑田さんが通った市立茅ヶ崎小学校があり、洋菓子店「エトアール」はサザンにあやかった名前のサブレなどを販売。桑田夫妻が結婚指輪を購入した時計店「時宝堂」では、二人の指輪のレプリカをペンダントにして販売、海岸のモニュメントにあやかった

桑田佳祐・原由子夫妻が購入した結婚指輪をモチーフにしたネックレス、サザン神社、深蒸し茶「茶山」など、ファンにはたまらない茅ヶ崎散歩

チタン製だという。その先には「茶山（さざん）」という名の深蒸し茶を売る「茶商　小林園」。桑田夫妻に贈呈し、折り返し原由子さんからお礼のハガキが届いたという。向かいの「サザン神社」は商店街の協力で古い店舗を改装、結婚を報告するファンが詣でており、運営を支援する小林園では、楽器をあしらった、参拝記念のご朱印状まで制作した。

一般的に地方の商店街が寂れていくのはどの地域にもありがちな課題である。駅前やロードサイドに商業施設ができれば、個人商店は先細りの傾向がどうしても出てしまう。茅ヶ崎も同じであり、全国から訪ねてくるファンを目当てにサザンに「あやかりたい」気持ちは強いだろう。

一方で、デビュー前の桑田さんを知る人々には「あまり騒がず、そっとしておいてあげたい」という思いも強い。「いつでも気軽に帰ってきてもらえるようにしたいから。実は〝あやかり商売〟をするのは気が引けるんですよね」。そんな本音も漏れていた。

「茅ヶ崎ＦＭ」開局と、10年ぶり三度目の凱旋ライブ

サザンオールスターズのデビュー45周年の２０２３（令和５）年、多くのファンが待ち望んでいた茅ヶ崎での凱旋ライブが十年ぶりに実現した。２０００（平成12）年、

2013（平成25）年に続く三回目、9月末から10月初めにかけて四日間にわたる公演の最終日、10月1日のオープニングで桑田さんが真っ先に言及したのは「茅ヶ崎FM、本日開局おめでとうございます」という祝辞だった。音楽評論家で、サザンオールスターズの名付け親としても知られる宮治淳一さんにもエールを送った。宮治さんは桑田さんの市立小・中学校の同級生でもあり、茅ヶ崎FM（EBOSHI RADIO STATION、通称エボラジ）のメーンパーソナリティーの一人である。

「神奈川県はコミュニティFMが多くの地域にあるけれど、茅ヶ崎には不思議となかった。そのことを桑田さんに数年前に話したら、あちこち働きかけてくれて、普通なら準備期間に数年かかるところを、一年半で開局にこぎつけた。デビュー45周年と凱旋ライブも意識していたのではないかな」。

茅ヶ崎FMの運営会社には、サザンオールスターズが所属する大手芸能事務所アミューズや、著作権管理会社であるタイシタレーベルミュージックも出資している。地域のコミュニティFMに大手芸能レーベルが関与する例は極めて珍しい。桑田さんは10月1日の放送開始にメッセージを寄せ、サザンオールスターズの曲が流れるプログラムが続いた。

コミュニティFMの本分の一つは、災害時の緊急連絡の確保にある。「そうした時に真っ先に聞いてもらうためにも、普段のプログラムを充実させたい」と宮治さん。音楽評論家として山下達郎さんら多くのミュージシャンの知己を得ている、宮治さんならではのオリジナル番組も企画しているという。

四日間のライブ期間中、茅ヶ崎では商工会議所を中心に、二つの市民企画が行なわれた。一つは会場の茅ヶ崎公園野球場まで徒歩10分ほどの「サザンビーチちがさき」でのキッチンカー出店。風によって球場のライブの音が流れてくるビーチでは、チケットを入手できなかったファンも集まった。もう一つは、ＪＲ茅ケ崎駅から会場までの途中にある住宅街の緑地に設けられた休憩所だ。地域産品の販売と、仮設トイレ、ゴミ箱が設置された。四日間で延べ７万５０００人が集まったが、特段の混乱はなかったという。

三度目の凱旋コンサート、地元商店街のあやかり商売、通りにはサザンにちなんだ標識と、茅ヶ崎はサザンの〝聖地〟のようになってきた。このことを宮治さんは苦笑いする。

「茅ヶ崎が音楽に縁が深いのは、もともと米軍基地『キャンプ茅ヶ崎』があって、加山雄三さんをはじめ、ミュージシャンが育つ土壌があったから。加山さんが、戦後初の本格的なシンガー・ソングライター兼俳優として、音楽シーンをけん引したのです」。

米軍基地があれば、ＦＥＮ（Far East Network－極東米軍放送　現AFN）が流れていたはずだ。「加山さんの音楽の素養は、ＦＥＮを聞いたことから培われたのではないでしょうか」と、茅ヶ崎市観光協会の新谷雅之事務局長はいう。

茅ヶ崎の音楽シーンをけん引～加山雄三～

茅ヶ崎で最初に湘南サウンドのイメージを決定づけたのは加山雄三さんだ。サザンオールスターズの桑田さんも、コンサートで加山さんへの感謝にたびたび言及し、リスペクトを捧げている。

加山さんが、父で往年の名優、上原謙（１９０９～１９９１）に連れられて東京から茅ヶ崎に移り住んだのは１９３９（昭和14）年頃、まだ2歳にもならない頃だった。上原が所属していた松竹が１９３６（昭和11）年、撮影所を蒲田（現在の東京都大田区）から大船（現在の神奈川県鎌倉市）に移したことで、茅ヶ崎など周辺地域に映画関係者の多くが移り住んだ。また病気がちで体が弱かった加山さんを、相模湾に面した温暖な場所で育てたい、という父親としての配慮もあったという。１９４３（昭和18）年には、茅ヶ崎海岸の近くに敷地面積五百坪あまりの邸宅を新築する。邸宅前の通りは当時〝上原謙通り〟と呼ばれた。上原さんの没後、邸宅は取り壊され、跡地には現在マンションが建っている。

「雄三通り」にある加山雄三さんのモニュメント

この建物の前の通りは、現在は〝雄三通り〟と呼ばれている。

茅ヶ崎に米軍基地があった時期は戦後の十数年間で、今そのことを知る人は少ないだろう。「キャンプ茅ヶ崎」は１９４５（昭和20）年から１９５９（昭和34）年頃まで存在した。第二次世界大戦の末期、米軍には関東地方から本土へ上陸する「コロネット作戦」があり、入り口の一つが茅ヶ崎だったことが背景にある。日本のポツダム宣言受諾・終戦により計画は実行されなかったが、直ちに「キャンプ茅ヶ崎」が置かれ、茅ヶ崎海岸は米軍の軍事演習場として使われた。砲撃訓練で、烏帽子岩の先端が吹き飛んだ、という逸話もある（三井住友トラスト不動産サイト「神奈川県茅ケ崎市」から)。

加山さんは終戦直後、茅ケ崎に来た占領軍の思い出を綴っている。「オヤジは(16ミリ)カメラを海に向け、輸送船を従えた米軍の軍艦が水平線にびっしりと並ぶ姿もとらえている」「やがて占領軍が進駐し、近所は演習場「チガサキビーチ」になった。沖にある烏帽子岩を狙って実弾演習が繰り返され、烏帽子の形が少し変わってしまった」(『私の履歴書』日本経済新聞、2009年7月4日付)。

米軍基地のFEN、映画人が集う上原邸

上原邸には多くの映画人が集い、茅ヶ崎に定宿の旅館を持っていた名匠・小津安二郎監督や俳優の高峰秀子もよく訪れた。「僕は物心つく前から、この世界の空気を肌で感じていた」「(小津監督は)真っ昼間から真っ赤な顔でビールを飲んでいた。僕が出て行くと飲め飲めと勧められた」(『私の履歴書』日本経済新聞、2009年7月9日付)。加山さんは、俳優・シンガーソングライターとしてデビューし、30歳を過ぎて結婚するまで、茅ヶ崎のこの邸宅で暮らした。家には父が集めたクラシックのSP盤が大量に置かれた専用室があり、繰り返しかけて聞き、ピアノを独学し、作曲も手掛けるようになる。映画人が集う環

境、ＦＥＮで聞くポップスも加山さんの血となり肉となっただろう。

代表曲の一つ『海その愛』が、ＪＲ茅ケ崎駅の相模線ホームの発車メロディとして、２０２１（令和３）年９月から２０２２（令和４）年３月までの半年間限定で採用された。相模線１００周年（２０２１年）を記念し、茅ヶ崎商工会議所青年部が署名運動を行い、６０００筆以上が集まったことによる。加山さんが弾厚作のペンネームで作曲し、岩谷時子作詞で１９７６（昭和51）年に発表した、海のスケールの大きさを感じさせる歌でもある。「茅ヶ崎はサザンオールスターズより加山さん」という、シニアファンの要望に応えたものでもあり、「不思議と反対意見はなかった」と準備に携わったスタッフは言う。相模線のワンマン運転化により、運行上の都合でメロディは終了、惜しむ声は多い。

茅ヶ崎「サウンドミュージアム」と「ライブハウス」構想

茅ヶ崎市内には、加山さん関連のスポットがたくさんある。そして近年「功績を残そう」という企画が相次いだ。これは加山さんが体調を崩し、２０２２（令和４）年でステージを引退したことと無関係ではない。

まず、ＪＲ茅ケ崎駅北口のペデストリアンデッキには、本人の手形と、自筆で「海その愛」と名前を刻んだレリーフがある（２００７年設置）。駅南口から茅ヶ崎海岸まで続く道が「雄三通り」で、お洒落なカフェやサーフショップが立ち並ぶ。駅からの中間点の交差点には『海その愛』の歌詞と若かりし頃の加山さんをモチーフにした湘南七宝焼きによるモニュメントが、デビュー60周年（２０２０年）を記念し、２０２１（令和３）年４月に設置された。

同時期にはＡＩで合成された加山さんの音声案内が、市内の各施設で流れるプロジェクトが立ち上がった。２０２４（令和６）年４月には茅ヶ崎市役所前に、加山さんの銅像が設置される。茅ヶ崎商工会議所がクラウドファンディングで資金を集め、全国から１５００万円が集まった。「亡き父がファンだったので、ぜひ名前を刻んでほしい」といった出資者もいたという。

ＡＩ音声はパフォーマンスを引退したマイナスをプラスに変え、加山さんの分身がコロナ禍の茅ヶ崎市民を応援する、という願いが込められていた。所属事務所の担当者は「賛否両論あるかもしれませんが、『生きている人間が、自分の生きざまをどう残すか』として使われてもよいと考えました。加山は以前から『新しもの好き』なんですよ」と話す。

茅ヶ崎市観光協会では街を「音楽の都」としてＰＲし、「サウンドミュージアム」を建設する計画を温める。「海以外に目立った名所旧跡がない街。出身である音楽家をまとめて紹介できるような施設が理想です」と新谷事務局長。いっぽう宮治さんはライブハウスの設置に期待する。「ミュージシャンの卵たちが舞台に立ち、演奏の腕を磨いて巣立っていけるような、本格的なライブハウスが茅ヶ崎にあるといいんですよね」。

「どちらも実現してほしい」と考えるのは、ファンのわがままだろうか。

ＪＲ茅ケ崎駅前には、加山雄三さんの手形レリーフや「サザン通り」の標識があり、音楽の魅力に触れることができる

JR、京急電鉄川崎駅と『上を向いて歩こう』　神奈川県川崎市

葛藤を乗り越え、紡ぐ歌

「地域おこし」を先行する京急、地域の盛り上がりを待ったJR

１９６７（昭和42）年生まれの私は、生前の坂本九（１９４１〜１９８５）をテレビの歌番組やバラエティ番組でよく見ていた。いつも笑顔で明るく、優しそうな人、という印象だった。夫人の俳優・柏木由紀子さん、二人の娘と住む家が、私の実家からそう遠くない場所にあると何となく聞いていたこともあり、親近感もあった。ある友人は、都心の私立小学校に通う娘たちを毎日、自宅近くのバス停まで送り届ける坂本九の様子を何度か見かけている。テレビで見るままの、優しいパパだったという。その優しさは、どこから来たものだったのか。

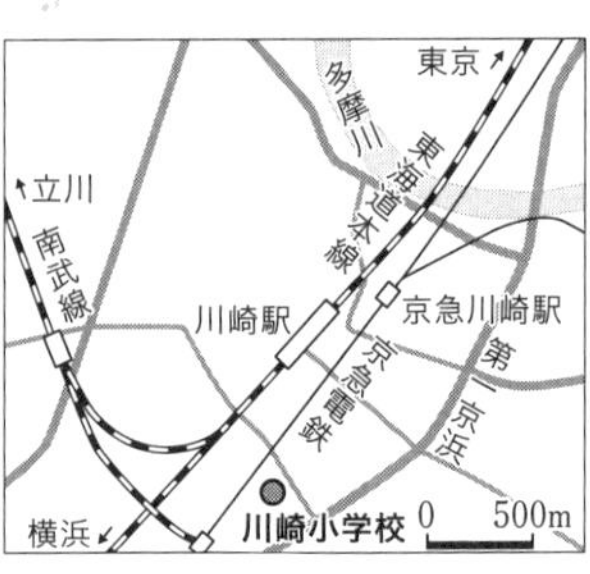

川崎駅の駅メロはJR東日本、京急電鉄とも『上を向いて歩こう』（作詞：永六輔、作曲：中村八大）である。歌った坂本九が川崎市出身という縁からだ。先行したのは京急電鉄で、「地域を盛り上げたい」と会社側が2008（平成20）年に沿線の16駅でご当地メロディを一般公募し、京急川崎駅はこの歌になった。

京急電鉄が鉄道会社として地域おこしを先行したのに対し、JRは地域住民の盛り上がりを待った。JRでの駅メロ実現に向けては、川崎商工会議所やライオンズクラブ、市議団などが連携して署名活動を行い、約4000筆を集めJRに提出、2016（平成28）年12月10日の坂本九の誕生日から運用が始まった。

JR川崎駅東口

JR川崎駅東口の駅前ロータリーには坂本九の御影石製の歌碑がひっそりと佇む。忙しく人が行きかう首都圏近郊の拠点、人口150万人の大都市は常に忙しく動き、歌碑の前だけ時間が止まったようにも見える。付近は若者たちのパフォーマンスの場としていつも賑わっている。ギターを弾いたり、歌を歌ったり、ダンスを披露したりの若者たちは、40年近く前に起きた１９８５（昭和60）年８月の、日航ジャンボ機墜落事故で亡くなった坂本のことを、おそらくはほとんどが知らないはずだ。

ＪＲ川崎駅前のロータリーには、坂本九の記念碑がある

上部が窪んだ歌碑、涙をこぼさないため

歌碑には坂本九の年譜と『上を向いて歩こう』の歌詞が刻まれている。年譜にはこうある。

「9人兄弟の末っ子として川崎市で誕生。エルヴィス・プレスリーに憧れて歌手を志し、昭和36（１９６１）年に歌った『上を向いて歩こう』（作詞：永六輔、作・編曲：中村八大）が大ヒット。のちに『SUKIYAKI』と題し世界中で発売され、昭和38（１９６３）

年末には米音楽紙ビルボードのシングルチャートで3週連続1位を獲得。アメリカのみならず世界中で大ヒットを記録し、ゴールデン・レコードを授与される。これは日本語の歌が初めてミリオンセラーになった快挙である。「九ちゃん」の愛称で歌手、俳優、司会者と日本を代表するエンターテイナーとして活躍する中、『あゆみの箱』、札幌テレビの福祉番組『サンデー九』、手話から生まれた歌『そして思い出』を発表するなど福祉活動にも積極的に尽力した。子どもからお年寄りまで親しまれた、昭和を代表する国民的大スターである」。

分かりやすくコンパクトに功績を伝える内容は、妻の柏木由紀子さんが監修した。歌碑

川崎小学校前に設置されている案内板では、
“先輩”として紹介されている

は没後30年の２０１５（平成27）年４月に、地元ライオンズクラブの寄贈により設置、上部が窪んだ不思議な形をしている。これは〝涙をこぼさない〟という、象徴的な歌詞の一部を表現しているという。その場所から徒歩５分ほどの場所にある川崎市立川崎小学校は、坂本九の母校で、校門の横には２００５（平成17）年３月に設置された功績を紹介する案内板がある。

亡くなって40年近く、日本語の歌を日本人が歌っての全米一位はもちろん空前絶後の記録、途方もなく凄いことだった。

『上を向いて歩こう』が『SUKIYAKI』になった理由

『上を向いて歩こう』は１９６１（昭和36）年７月に東京で開催された中村八大（１９３１〜１９９２）のリサイタル用に作られ、坂本九が歌うことになった。この曲でコンビを組んだ作曲の八大と作詞の永六輔（１９３３〜２０１６）の二人は、同年に始まったＮＨＫのバラエティ番組『夢であいましょう』も担当しており、翌月に坂本が出演して歌ったところ大きな反響があった。レコード発売が決まり、当時の音楽雑誌『ミュージック・ライフ』の「東京で一番売れているレコード」では１９６１（昭和36）年11月から１９６２（昭和37）年１月まで三か月間連続で一位となる。坂本九は１９６１（昭和36）年末のＮＨＫ紅白歌合戦に初出場し、以後11回連続で出場、１９６９（昭和44）年には白組の司会も務めるなど、老若男女から愛されるスターの座を確立する（『見上げてごらん夜の星を　音楽プロデューサー草野浩二伝』シンコー・ミュージック・エンタテインメント、２０２３）。

その後、米国でヒットするまでの経緯は紆余曲折があった。『上を向いて歩こう』（日本図書センター、２００１）によると、まず１９６２（昭和37）年にジャズ風の演奏のみのバージョンが英国で『SUKIYAKI』として発売されスマッシュヒット。来日した英国人のレコード会社社長が「必ずヒットする」と踏んでレコードを持ち帰り、浅草で食べたすき焼を思い出してタイトルをつけ、バンドに演奏させた曲だった。次に米キャピタルレコードが坂本のオリジナルバージョンを『SUKIYAKI』として１９６３（昭和38）年６月に発表する。きっかけは米ワシントン州のローカルラジオ局に、高校生が日本の文通相手からもらったという『上を向いて歩こう』が届き、ＤＪのリッチ・オズボーンが『SUKIYAKI』としてかけたところ、リクエストが殺到した。米キャピトルレコードが反響を知り発売を決定。当初は坂本に英語で歌わせる予定だったが、オズボーンは、朝鮮戦争時に日本に駐留した経験があり、当時の米国には、日本語の語感になれた米国人も多いので「日本語の方が受ける」と主張。キャピトルレコードも最終的には了解し、１９６３（昭和38）年６月に全米で発売され、チャート一位を獲得、１００万枚をこえる大ヒットとなる。その後は世界69か国でリリースされ各地でヒット、総売り上げ枚数は２０００万枚を超えたともいう。

なぜ国境も世代も超えて、これほどのヒットになったのか。草野浩二氏は著書『見上げてごらん夜の星を　音楽プロデューサー草野浩二伝』（シンコーミュージック・エンターテイメント　２０２３）で、歌の魅力と理由をこう語っている。「日本が災害に見舞われた時には必ずと言っていいほど口ずさまれて、老若男女に慰めと生きる力を与えていますす」「まずは八大さんの洋楽的な旋律と、軽妙で洒落た味わいのコード進行が挙げられます。そして聴き手の共感を呼ぶ永さんの叙情的な歌詞と、メッセージを心地よく届ける九坊の歌声。のちに〝六八九トリオ〟と称される３人の絶妙なトライアングルは第１弾から完璧だったと言えましょう」（九坊＝坂本九）。

「自分よりもっと寂しい人のために働きなさい」～母の教えを守る～

坂本九は、川崎駅東口からほど近い場所で育った。両親が離婚し、母いくが料理屋を切り盛りして九を育てた。「いわゆる花街で、昼間でも三味線の音が聞こえてくるようなところです。そんな芸事を身近に感じることのできるような環境が、（坂本）九のその後に幾分かの影響を与えたのかもしれません」と６番目の兄、坂本照明氏が著書『星空の旅人坂本九』（文星出版、２００３）で触れている。

坂本九は母を慕い、母の教え「寂しいときは、自分よりもっと寂しい人のために働きなさい」を忠実に守った人生だったと照明氏は綴っている。大スターでありながら福祉活動を継続し、手話の普及に力を尽くした人でもあった。聴覚障害者の間ではかつては、相手の口を見て理解する口語法が主流で、手話はコミュニケーションの手段として認められない時代があった。坂本は、それをおかしいと考えた。１９７９（昭和54）年に開かれた全国ろうあ者大会のアトラクションでは、手話で歌を披露するという「手楽」の取り組みも行なった。

日航機墜落事故～それでも人生は続く～

坂本の人生が断ち切られた1985（昭和60）年夏の日航ジャンボ機墜落事故は、当時、高校3年生だった私の中でも鮮烈な記憶で残っている。機長の娘が同級生だった。事故の起きる少し前、航空会社の客室乗務員になった卒業生の話を聞く進路相談会が学内であった。その席で「母の跡をついでスチュワーデスになりたい」と目を輝かしていた彼女を覚えている。だが、その後に起きた墜落事故の乗務員の遺族は、被害者でもあるのに加害者の家族ともみなされ、長く肩身の狭い思いをしてきたのではなかったか。その後、彼女は短大を卒業して日本航空に入り、客室乗務員になったと聞いていた。姿を久しぶりに見たのは事故から30年目の節目、初めて報道機関の取材に応じたというインタビューだった。事故機のボイスレコーダーの音声が公開され、機長は最後まで飛行機を安全着陸させようと努力し、力尽きたことが判明していた。「父はボイスレコーダーの音声で、私たち家族を守ってくれたのです」と話していた。

全国紙の経済部記者で、航空業界を担当していたこともある私は、広報担当者から取材の経緯を聞いた。1985（昭和60）年の事故以来、取材依頼は断り続けてきたが、節目の年月が来たからこそ、受けたのだという。複雑な思いや、さまざまな葛藤は一生、忘れることはなくても、時間が経てば気持ちは変化していく。どんなことがあっても人生は続く。そんな思いがした。

「シニアおしゃれ番長」～妻、柏木由紀子さんの人生～

同じことが妻の柏木由紀子さんにも言えるのではなかったか。

柏木さんは、やり場のない悲しみや怒り、苦しみを、時間をかけて乗り越えてきたはずだ。事故後から生活のために、俳優やタレントの仕事を本格的に再開、幼かった2人の娘たちと支えあって生きてきた経緯は著書『星を見上げて歩き続けて』（光文社　2021）に詳しい。再婚話もあったが「坂本九の仕事を伝えられるのは私だけだから」と思いとどまる。

その柏木さんは、いまやインスタグラムのフォロワー数が9万1000人（2024年3月現在）という、インフルエンサーだ。〝シニアおしゃれ番長〟と呼ばれ、坂本九との思い出のこもった上質な品を長く大切に使い、無理のない範囲で家を整え、市販品も活用しながら料理をし、お客様を招くという日々の暮らしを綴っている。愛犬レア君や、長女でタレントの大島花子さん、同じく次女の舞坂ゆき子さんや孫たち、子役時代からの親友

柏木さんは、文筆活動や講演も積極的に行なっている

という女優・酒井和歌子さんとの交流など。その集大成となるスタイルブックを2023（令和5）年に二冊も刊行、帯には「きらめく76歳」というキャッチフレーズが躍った。

「ファッションが生きがい」という柏木さんは、出かける時はもちろんのこと、そうでない日も毎日きちんと身支度をコーディネートしていた。「あまりにもったいない」と、長女の大島花子さんが、ブログへの投稿を勧めたことがきっかけになり、インスタグラムにつながった。柏木さんは坂本九の死後、初めて仕事を再開した際に纏ったピンクの服に「気持ちが明るく前向きになった」と振り返る。インスタは「私のように、突然に大事な人を失った境遇の方も、私のことを見て元気になれるかもしれない」と頻繁に更新している。その潔さ、しなやかさ、そして「必ず乗り越えられる」という前向きさが、多くの女性たちの共感を呼ぶのだろう。

聞いてもらうことで、歌は繋がっていく

『上を向いて歩こう』について柏木さんは、坂本九の生前に、もっと話を聞いておけばよかったと悔やむ。「〝ウォウウォウ〟と歌うところ、プレスリーを真似たのか、長唄の節なのかしらと思うんですけれど。娘が生前の主人に『歌はどうやって歌うの』と聞いたときは、『心で歌うんだよ』なんて答えていたけれど」。

カバーした歌手は国内外に無数にいる中、その中の一人に『スタンド・バイ・ミー』で知られるベン・E・キング（1938〜2015）がいる。ベンは2011（平成23）年3月に発生した東日本大震災の支援に熱心で、被災者を支援するチャリティアルバム『ディア・ジャパン』を制作、その際に『SUKIYAKI』を日本語でカバー、つまり『上を向いて歩こう』を原曲通りに歌った。ベンは1963（昭和38）年に米国で大ヒットした時からこの曲を知っていた。「命が宿った曲と出合うと歌いたくなるもので、心が温まる歌詞は永遠に人々の心にとどまります。日本語で歌うのはかなり苦労しましたが」と語っ

ている。

その縁から、ベンは２０１２（平成24）年に震災支援のコンサートのために来日した際、柏木さんを招いた。お礼に柏木さんはベンを自宅に招いた。リビングには『上を向いて歩こう』のゴールドディスクなど、坂本の功績を残したミニコーナーがある。面会は、柏木さんと二女の舞坂ゆき子さんとで、軽食を挟んで予定時間をはるかにオーバーしてお開きになったという。柏木さんはベンを「とても優しいおじさま」と語る。ベンは若い黒人アーチストたちの育成にも力を尽くしていた。震災復興を支援したベン、福祉活動に力を尽くした坂本、二人は同年代ながら生前の交流はなかったが、他人への思いやりを持ち、弱い立場の人たちを救おうとする優しいアーティストだったろう。

「歌は生き続けていて、聞いてもらうことでつながっていくのだと思います」と柏木さん。「『上を向いて歩こう』を川崎駅のメロディとして聞いた若い人たちが、お母さんや、おばあさんに坂本九のことを聞いて、知ってもらえたら嬉しいです」。

川崎駅のメロディと歌碑は、日本人のみならず、外国人にも訪ねてほしいスポットである。

坂本九のポートレートの前で、ベン・E・キングさん（中央）と柏木由紀子さん（右）、舞坂ゆき子さん　提供：坂本九音楽事務所

ＪＲ桃谷駅と『酒と泪と男と女』　大阪市天王寺区
ライブハウスで若手育成、河島英五が見出した第二の故郷「奈良」

遊び心あふれる駅メロ〜ＪＲ大阪環状線

ＪＲ大阪環状線は、大阪市中心部をぐるりと取り囲むように走る。大阪駅を拠点とし、各駅で地下鉄や私鉄に乗り継げるアーバンネットワークとしては、東京のＪＲ山手線の「大阪版」といえるかもしれない。だが、趣はやや異なる。沿線の界隈は、関西人のエネルギーと、ちょっとした遊び心に満ち溢れている。

２０１５（平成27）年３月から、ＪＲ西日本は各駅で発車メロディを導入。利用者に愛着を感じてもらえるようにと「その駅らしさ」「大阪らしさ」をテーマに選曲した。例えばＪＲ大阪駅は、関西で活躍していたタレント、やしきたかじん（１９４９〜２０１４）の『やっぱ好きやねん』（作詞・作曲：鹿紋太郎）。拠点の駅に「やっぱり大阪が好き」というストレートなメッセージを重ね合わせたのだろう。

ＪＲ福島駅は円広志さんの『夢想花』（作詞・作曲：円広志）。飛んで、回る、という象徴的な歌詞の一部が環状線を連想させるからとか。ＪＲ天王寺駅は和田アキ子さんの『あの鐘を鳴らすのはあなた』（作詞：阿久悠、作曲：森田公一）で、近くの四天王寺に鐘があるから。ＪＲ桜ノ宮駅は大塚愛さんの『さくらんぼ』（作詞・作曲：大塚愛）で、駅名にちなんだもの。やしき、和田さんと大塚さんは大阪出身ではあるが、選曲理由に深い意味はさほどなく、むしろ語呂合わせにも近い遊び心がある。ついでにＪＲ鶴橋駅は『ヨーデル食べ放題』（作詞・作曲：リピート山中）という桂雀三郎ｗｉｔｈまんぷくブラザーズによる「コミックソング」だ。駅周辺はコリアンタウンが広がり、焼肉店が多数あるから、という理由で、「焼肉食べ放題」をコミカルに歌う、沿線随一のパワーあふれた街である。

隣接するＪＲ桃谷駅には駅前に大きな商店街が広がり、同じように庶民のエネルギーが

ＪＲ桃谷駅そばの商店街は、大阪らしい活気にあふれていた（2023年）

あふれている。この駅のメロディは河島英五（１９５２〜２００１）の『酒と泪と男と女』（作詞・作曲：河島英五）である。こちらは河島がこの地域の出身で、桃谷駅の近くでライブハウスを経営していたことにちなんでいる。

発表から50年余り、衰えない人気

河島英五は大阪府東大阪市で町工場を営む家に生まれた。『酒と泪と男と女』はメジャーデビューして間もない１９７５（昭和50）年に発表された。酒を飲まずにいられない男と女のやるせなさを歌っている。清酒のＣＭで使われ、俳優の萩原健一（１９５０〜２０１９）が歌って人気に火が付き、八代亜紀（１９５０〜２０２３）、五木ひろしさん、ちあきなおみさんなど数多くの名歌手がカバー。サッカー選手のラモス瑠偉さんや、元横綱の朝青龍もファン。河島の亡き後もEXILEのATSUSHIさんや竹原ピストルさんらが歌い継ぎ、カラオケでも男女問わず歌われるスタンダードとなっている。

歌の魅力は、酸いも甘いもかみ分けた、人生の真理を語るような歌詞と、それを優しく包み込むようなメロディが人を引き付けるのか「企業経営者や僧侶の方々にも人気のようです」と長男の翔馬さん。実際は河島が18歳の時、法事の席に集まった多くの親戚たちが、飲んだり食べたりする様子を見て書いた曲だった。まだ高校生だった河島さんが見てきた大阪の、庶民の風景やひと模様が、知らず知らずのうちに織り込まれたのかもしれない。

駅メロになったことに対し「父は喜んでいるはず」と翔馬さん。「自分の地元ですし、地域の皆さんにも喜んでいただけたのではないかな」。

略称は〝さけなみ〟（「酒と泪と」から）。「この歌が凄いエネルギーを持っていることを、父はよく分かっていました。ライブでこの曲が始まると、お客さんの空気感が変わるとも言っていましたし、この曲が入るとアルバムの売り上げも変わるようです（笑）」。発表から50年近く、河島が急逝して20年以上が経つが、いまもカラオケの再生回数がいっこうに下がる気配がないという。「父は『作った自分のことは忘れられてもいい。この歌がずっ

河島英五のポートレートと長男の翔馬さん（左）。TEN.TEN.CAFEにて

と残っていく方が嬉しい』とよく話していました」

ライブハウス「Bee House」で育てた若手ミュージシャンたち

河島が経営していたライブハウス「Bee House」は、桃谷駅から徒歩10分ほどの住宅街にある。今は経営者も店名も代わり、カラオケバーとなり、地域の人たちが気楽に集まる店となった。建物は当時の佇まいのままで、旧店名の面影をのこす「ハチ（Bee）」のネオンが外壁に残る。中に入ると、木目を基調とした2階建ての純喫茶のような構造で、昭和の時代にタイムスリップしたような印象がある。

「二階がステージのように使われて、河島さんはよく上がって、ギターの弾き語りなどをしていたそうです」と現在の店主が言う。

「Bee House」は、河島が親交のあった音楽グループ「憂歌団」のメンバー、木村充揮さんから経営を引き継いだ。いつしか河島を慕う、若いミュージシャンの卵たちが集まり、店でアルバイトをしながら演奏をする場所となった。無名時代のミュージシャン、押尾コータローさんもその一人だ。演奏やステージでの振る舞いなどを教わり、河島さんは「人生の師匠」だったとＢＳ朝日の番組で語っている。「若い人たちが自然と慕って集まってきて、僕ら姉弟もアルバイトをしていました。押尾さんは当時も今も、僕らのお兄ちゃん的な存在です」（翔馬さん）。

河島さんは後輩思いで面倒見がよかった、という。病床でも若いミュージシャンたちが見舞いに来ると「歌ってみ」「新曲あるか」と聞いてはアドバイスしていたと、長女で主に関西でタレントとして活躍するあみるさんが、雑誌のインタビューで語っている。

河島は、ライブの声がかかれば、どんな小さな街にでも出かけ、時にはアンコールが5時間も続き、客席の底が抜けた、などの武勇伝が残る。河島にとってライブは「心を輝かせてくれるぶつかりあい」（『ほろ酔いで夢みれば』栄光出版社、１９９４）だったとエッセイに綴っている。「（カワシマエイゴって誰？）って感じのじいちゃん、ばあちゃんもまざっているような場所で、それでも自分の伝えたい歌を伝えるためにがむしゃらに歌っている自分が一番似合っている」「少しは俺の歌がこの人たちの集まりに役立っているんじゃないかと思えてやりがいがあるんだ」（同書から）。

「父はライブでの掛け合いや出会いを大切にしていました。だからもし生きていたら、今のコロナ禍の世の中は生き辛かったと思います。オンラインライブをする父の姿を想像できません」と翔馬さん。

そうかもしれない。だが河島は、1995（平成7）年に起きた阪神・淡路大震災の際には、親を亡くした子どもたちのためにと、「復興の詩」と題したチャリティーコンサートを「子どもたちが自立できるようになるまで」と十年計画で行なっていた。もし存命であった

旧「Bee House」に今も残るハチのネオン

ならば、２０１１（平成23）年の東日本大震災ほか数々の自然災害、そして２０２４（令和６）年１月１日に起きた能登半島地震などでは、できる限りの工夫をして、自分の歌で人々を励まそうとしたのではないだろうか。

あこがれの地「奈良」にあるお墓とカフェ

河島家の拠点は現在、奈良に移っている。

桃谷駅の一つ隣の鶴橋駅から近鉄奈良線で30分あまり、近鉄奈良駅を降り、奈良国立博物館の方へ向かうバスに乗るとアナウンスが流れた。「『酒と泪と男と女』の河島英五さんの家族が経営する『TEN.TEN.CAFE』は、東大寺に隣接する『夢風ひろば』にあります」。

奈良は河島にとって「憧れの地」であったという。墓も奈良市内の寺にある。河島は大阪で、奈良と大阪の境に位置する生駒山を見上げて育った。「人が多い、ごちゃごちゃした大阪で育った反動もあったのか、生前の父はよく旅に出ていました。地方のどんな小さな街でも、お声をかけて頂ければライブに出かけたし、暇さえあれば東北や北海道をオートバイでツーリングしたり、中南米やシルクロードを放浪したり。その影響もあったのか、自然豊かで、石舞台古墳など史跡があり、ゆったりした時間の流れる奈良が好きでした。『海外に行くと、いちばん日本らしい風景が奈良だと気づく』とよく言っていました。お墓も、たまたまご縁があった奈良のお寺に作りました」。

河島は海外旅行から帰ると、バイクで奈良の飛鳥路や斑鳩《いかるが》の里に足をのばしていた。「青々とした水田や金色の稲穂をみつめていると、本当に『ほっ』とする。これこそ『心の原風景』」(『ほろ酔いで夢見れば』(栄光出版社)。

「河島英五」を知らない人も訪れる

「TEN.TEN.CAFE」とは、あみるさんの長男の天夢《てん》くんの名前から採られている。河島の初孫にあたり、生前に生まれていたらさぞ可愛がっただろうという家族の思いがあった。前身は、河島が大阪中心部の繁華街、法善寺横丁で経営していたイタリアンレストラン。妻の牧子さんの実家が経営していた店を引き継いだもので、ライブハウス「Bee House」と同じように若いミュージシャンの卵たちのたまり場になっていた。

だが残念ながら、店は2002(平成14)年、周辺の火事で焼失する。家族は河島が好きだった奈良への移転を決めた。その後、現在の場所に移る。「偶然ですが、まだこの場所が整備されずに東大寺修復の為の資材置き場だった頃、生前の父と母が来て『こんな場所でお店やりたいね』と話していた場所でした」。

東大寺や興福寺、国立博物館など奈良有数の観光地に隣接するカフェには、ひっきりなしに観光客が訪れる。場所柄か、河島英五ファンばかりでもないらしい。ただ店内には河島の写真、乗っていたオートバイに着ていたスーツ、紅白歌合戦に出場した際の記念品や、中南米の旅で得た珍しい弦楽器など、ゆかりの遺品が飾られている。焼失した法善寺横丁の店で河島がかつて壁に描いた絵が幸いにも焼け残り、修復されて店内を飾っている。河島が、アフガニスタンで見たラクダなどを墨で描いたもので、火災で煤だらけになっていたのを、奈良大学の研究室が協力して修復した。

カフェのメニューはワッフルなど軽食が中心。自然素材で作られていることを特徴とする一方で、「酒と泪と男とぜんざい」「大仏くるみ餅」など、河島が好きだったメニューが並んでいる。ただ「河島英五の聖地、みたいなカフェにはしたくなかったんです。資料は展示していますが、来てみて、はじめて気が付く人も多いです」と翔馬さんは言う。

家族にとって河島は、「亡くなった気がしない、今もどこかを旅している」感覚なのだという。「ツアーや旅ばかりで、自宅には年に十日もいない、なんてこともありましたし。

本人も自分が死んだとは思ってないかもしれません」。

息子が歌いつぐ『酒と泪と男と女』

河島家は、今も亡き父を軸にした仲のいいファミリーだ。

もう四半世紀前になるだろうか。私は当時TBSで放送されていた朝の情報番組『はなまるカフェ』に、ゲスト出演していた河島を見た。話題は音楽から長女のあみるさんに移り「大阪では僕、『あみるのお父ちゃんやー』って言われるんですよ。河島英五じゃなくて。大阪では娘の方が有名なんですよ」と嬉しそうに話していた姿を今も覚えている。「昔気質の酒豪」というイメージがあったが、真摯な人柄と家族を大切に思う気持ちが伝わり、見ているこちらも温かい気持ちになった。ほどなくして河島は肝臓疾患で亡くなった。享年48歳、体調が悪い中「歌っている方が元気になるから」と開催したトーク＆ライブの二日後だったという。

河島家の姉弟は長女あみるさんと、ミュージシャンの次女アナムさん、翔馬さんは末っ子の弟だ。姉2人は音楽やタレントの道に進んでいたが、翔馬さんは同じ道を歩むつもりはなかった。だが父の死後に考えを変え、今は父の歌を歌いながら、イベント業や音楽関

河島英五が描いたラクダ。法善寺横丁の火災で焼け残り、奈良大学の研究チームが復元した

係の仕事も行なっている。「本当は姉たちの様に、父とは別のやり方で音楽をやった方がいいのかもしれない。でも僕には父の歌を歌いたい、という思いが強かった。二世とか七光りって、どちらかというと否定的に思われることが多い。でも歌舞伎や相撲の世界は子どもが受け継いで称賛されるのに、ミュージシャンは違うって変だよね、と生前の父と話したことがありました。だから僕は、呼んでいただければ『酒と泪と男と女』を歌いますし、喜んでいただきたいと思っています。故人に一番近い人が似た声で歌う、ということは否定されなくてもいいと思うんです」。

尾崎豊との邂逅と「石仏」

夭折したミュージシャン、尾崎豊（１９６５〜

１９９２）の長男である尾崎裕哉さんは、同じように父の歌を父から受け継いだ声で歌い続けている。「その気持ちはよく分かる」と翔馬さん。生前の尾崎豊は河島英五のファンだったらしい。翔馬さんが生前の河島に聞いた話では、尾崎は、新幹線で偶然に鉢合わせた際「あなたの『石仏』が好きなんです」と、自宅住所と電話番号を書いたメモを河島に手渡した。『石仏』は田舎のお地蔵さんが何百年も前から村の歴史を見守り、村人たちの喜びも悲しみも分け合ってきた姿を歌う河島の初期の曲だ。

　尾崎豊に声をかけられ、嬉しかった

河島英五が使った衣装や楽器、愛用のバイクが飾られている

という河島は後日、メモの番号に電話をした。出てきたのは尾崎の母らしき女性、ファンからの電話と勘違いされたらしく、二人の邂逅はそれっきりになった。ともに自由人で、弱者に対する優しいまなざしを持ち続けていた二人、いまは空の上で一緒にギターの弾き語りを楽しんでいるだろうか。

第4章

アーティストが寄り添う「聖地巡礼」

JR郡山駅と『キセキ』『扉』　福島県郡山市
GReeeeNが繋ぐ未来への希望と「楽都・郡山」

メンバー自ら駅メロを制作、強い「郡山愛」

現役の歯科医師による匿名の音楽グループ「GReeeeN」のメンバー四人は、福島県にある歯科大学で出会い、音楽活動を始めた。メジャーデビュー前には、自主制作のアルバムを郡山駅前のCDショップに置かせてもらったり、地元のライブハウスで演奏したり、駅前のロータリーで路上ライブをすることもあったという。その縁から代表曲『キセキ』『扉』（作詞・作曲：GReeeeN）が２０１５（平成27）年４月からJR郡山駅の発車メロディに採用された。音源はメンバー自ら制作。アーティスト自ら「駅メロ」音

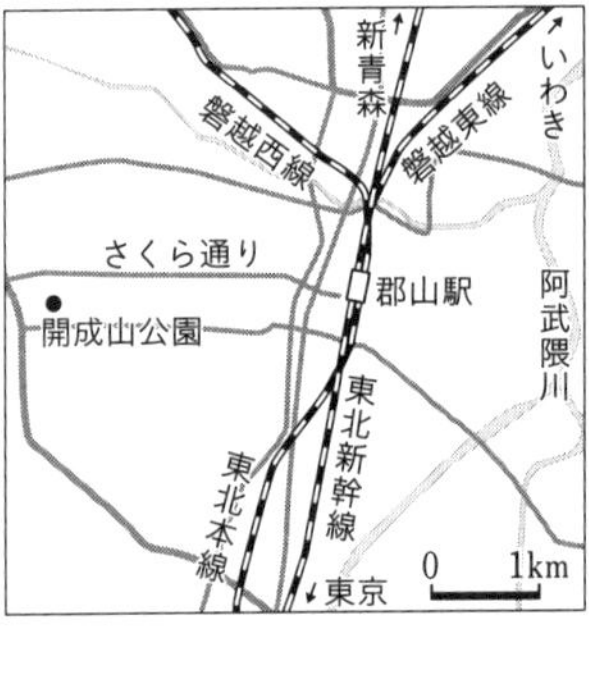

「復興の灯火」プロジェクトの灯篭（2023年３月）　写真提供：郡山市

GReeeeNが2019年に寄贈した直筆のメッセージ入り灯篭。現在は郡山市が保管している

源を制作する例は極めて少なく、それほどGReeeeNの郡山愛は強い。その思いは、東日本大震災の復興支援にもつながっている。毎年3月11日に郡山駅前で行なわれる「復興の灯火プロジェクト」を支援、震災の記憶と地域文化の継承をテーマにしている。

GReeeeNの活動を支える背景には、「音楽の街」のほか「楽しい」「利便性がある」といった意味を持つ「楽都・郡山」の紆余曲折の歴史がある。

GReeeeNは2007（平成19）年デビュー。『キセキ』は好きな人と一緒に歩む人生の素晴らしさを、『扉』は次の一歩を踏み出す勇気を歌っており、ともに2008（平成20）年に発表されヒットした。駅メロへの採用は、JRの観光キャンペーンを契機に郡山青年会議所（JC）がJR側に働きかけて実現した。当時の郡山駅長、百々潤司さんは「他の駅のメロディは往年の名曲が多いような気もするが、郡山では現代の若者に人気のあるグループの曲なのが良かった」と振り返る。副駅長だった小野昭一さんは『キセキ』を聞いて新幹線に乗った少女たちが、一斉に歌い出した様子を目の当たりにし、その人気ぶりに驚いた」という。

音源の制作にあたっては「日々を、一瞬一瞬を大切にしていただき、駅を通る方々に寄り添って歩んで行けたら」との思いが込められた。リーダーのHIDEさんは「故郷の方たちにとっては『行ってらっしゃい、お帰りなさい』といつでも見守っているような存在に、訪れる方にとっては郡山というすてきな場所のお出迎えをする、はじめの一歩のメロディとして触れていただき、郡山の良さをたくさん感じていただけたら幸いです。明日、今日よりも好きになれる街『郡山』。郡山から出掛けたり、足を運ぶことで新しい扉を開け、『次の自分』に出会えると、そっと背中を押せるような曲になるよう願っています」と語った。

ＪＲ郡山駅西口駅前広場には「緑の扉」のモニュメントと、そこを通るかのようなメンバーの足型のレリーフ、そして四人の手型とメッセージを刻んだ石製のベンチがある。２００８（平成20）年に郡山市が「音楽都市」宣言をしたことを契機に翌２００９（平成21）年、郡山青年会議所（ＪＣ）がGReeeeN側に働きかけて設

GReeeeNの曲をモチーフにした「緑の扉」

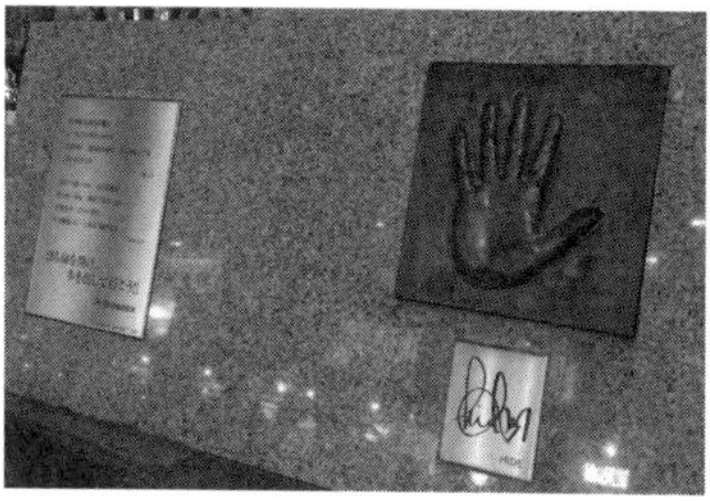

GReeeeNリーダーHIDEさんのメッセージと手形

置された。それぞれ「『扉』を自らの力で開き、夢に向かって挑戦する人たちを応援する」、「ベンチに腰掛ける、あなたの背中をそっと押してあげたい」、「この世に生きた証を、自分だけの、自分らしい『足跡』を残してほしい」といった、メンバーによるメッセージがこめられている。

「復興の灯火プロジェクト」イベントへの支援

この西口駅前広場を会場に、東日本大震災の発生した3月11日に例年、開催されているのが「復興の灯火」プロジェクトのイベントだ。最初のきっかけは、GReeeeNが2019（平成31）年2月、郡山市のPR活動を行なう「フロンティア大使」に就任したこと。担当する、郡山市国際政策課の星里枝さんは「就任をお願いしたら快諾していただき感激しました」と話す。同年3月11日に最初のイベントを開催。江戸時代から市内の中田町に伝わる海老根伝統手漉和紙で作った数百個にのぼる灯篭に、鎮魂や将来への希望を描いて火を灯した、幻想的なイベントだ。この時には、メンバー四人が自作の灯篭を寄贈。「おーい　元気だよー　あなたに届け」（HIDE）、「沢山の笑顔を咲かせましょう」（navi）といった直筆メッセージを書きこんだ。これらの灯篭は現在、郡山市に保管されている。

GReeeeNが震災復興に熱心なのは、リーダーのＨＩＤＥさんが、歯科医師として取り組んだ被災地での経験がある。検死に立ち会い、歯型などで身元確認を続けたＨＩＤＥさんは、未曽有の自然災害を前に「音楽は無力ではないか」と悩んだという。だが、たまたま被災地で『キセキ』を聴く人たちを見かけて思い直した、とＴＢＳの番組で話している。GReeeeNは震災発生から10年となった２０２１（令和３）年に復興のテーマソング『蕾』を発表。「人間は揺れ動きながらも徐々に前に進んでいる」「（皆さんの心の）蕾が、いつか咲く花になれば」との思いを込めたという。

GReeeeNが広げる復興の輪、「震災」知らない若い世代にも浸透

「復興の灯火プロジェクト」は当初、郡山市が主導していたが、現在では郡山女子大学短期大学部が中心となり、郡山市内の高校やＮＰＯ法人が参加している。東京電力福島第一原子力発電所の事故で急ぎ故郷からの避難を余儀なくされ、帰れる目途の立たない被災者は県内の復興住宅に今も住む。例年ここで灯篭を制作するワークショップをＮＰＯ法人が担当している。

震災から十余年が経過した中、薄れゆく震災の記憶を若い人たちに継承することもプロ

ジェクトの狙いだ。コロナ禍で屋外での活動を自粛せざるを得なかった際には、専用のウェブサイトに「復興ツリー」のページを設け、葉っぱの一枚一枚に誰もがメッセージを書き込めるようにした。「GReeeeNの皆さんが寄り添って、発信してくださることもあって、全国に『仲間』が増えました」と、担当する星さんは感謝する。

郡山女子短大では、2023(令和5)年3月のイベントで、防災に関する発表を行なった。地域創成学科の小松太志准教授は「学生達は震災時にまだ子どもで、何か大変なことが起きたとは分かっていても、よく覚えてはいない。ただこの世代は、(除染にともなう廃棄物のための)中間貯蔵施設など福島県の将来を担う世代でもある。まずは重荷にならないよう関心を持っ

郡山女子短期大学の学生たちによる、乾パンやレトルト食品を活用したメニュー

てもらいたい」と話す。ほか健康栄養学科の学生たちが、非常食の乾パンやレトルト食品を活用したコロッケやドーナツなどのメニューを披露した。「70％が栄養士の資格を取り、調理を含めれば80％近くが食に関わる分野に進みます。例えば施設に就職すれば、ローリングストック（賞味期限が近くなった備蓄食材を消費し、新たに買い足していく）の調理法は必須になります。学生たちが工夫して開発しました」と担当教員は言う。

「楽都・郡山」への思い

郡山市が「楽都」との別名を持つに至るには、紆余曲折の歴史があった。

郡山は、猪苗代湖から引く安積疏水で開拓され、明治時代から工業都市として発達、全国からさまざまな人々が集まり急速に人口が増えたため、治安の悪い街という意味で〝東北のシカゴ〟と呼ばれた時期もあった。いっぽうで市民の音楽活動が盛んになり、昭和30年代に市民運動で暴力を追放し、市民音楽祭を成功させる。その実話は、音楽家の山本直純（1932〜2002）やシンガー・ソングライターの吉田拓郎さんらが出演した映画『百万人の大合唱』（1972）に描かれている。郡山でのオールロケで撮影され、多数の市民がエキストラで参加、山本の「一発の銃弾は一人の命を奪う。一節のメロディは百万人の心を奪う」という言葉は「楽都・郡山」の基礎となった。

1974（昭和49）年8月には、米国の野外音楽フェス「ウッドストック・フェスティバル」（1969）に触発された郡山市内の実業家の青年、佐藤三郎（1938〜2016）が私財を投げうって野外コンサートを企画、「ワン・ステップ・フェスティバル」として、延べ5日間にわたって郡山市内の開成山公園陸上競技場で開催された。日本初の本格的なロックフェスとされており、郡山市の市制50周年を記念する意味合いもあった。

佐藤は音楽プロデューサーの石坂敬一（1945〜2016）の紹介でニューヨークに渡り、スタジオでジョン・レノン（1940〜1980）と一緒にいたオノ・ヨーコさんと交渉、快諾されて一気に話が進んだという。二人と親しいグラフィックデザイナーの横尾忠則がヨーコさんを配した宣伝ポスターを描くことになった。実際のフェスの企画運営は石坂と、ミュージシャンの内田裕也（1939〜2019）が担当。オノ・ヨーコ＆プラスティック・オノ・バンドをメインアクトに、沢田研二さん、山下達郎さんや大貫妙子さんが在籍したシュガー・ベイブ、ダウンタウン・ブギウギバンド、サディスティック・ミカ・バンド、かまやつひろし（1939〜2017）など30組以上の錚々たるミュージシャンが参加した伝説のライブである。ヨーコさんは、その後の彼女の主要なメッセージの一つともなった「夢をもとう」という歌を初披露した。

今となっては信じられないほどの豪華なラインナップだ。70年代の若者の熱気が、勢いで実現させたライブだったのだろう。総経費は当時で1億2000万円、その半分が赤字だったと、佐藤は語っている（サイト「TADORi」の「佐藤三郎さんと『ワン・ステップ・フェスティバル』2016年8月30日付、同9月5日付、サイト「ウェイバックマシン」アーカイブ、サイト「Style 郡山」2022年10月1日付、Jキャストニュース「郡山ワンステップ・フェスティバル」2018年7月31日付の記事などから抜粋）。

「伝説のロックフェス」はこの回限りとなった。だが、郡山の音楽への熱意はその後も地域に引き継がれた。例えば県立安積黎明高校は、全国屈指の合唱の強豪校として知られており、旧国鉄やJRのOB、市民らによる男声合唱団ドン・カラックも活動を続けている。そして2008（平成20）年に「音楽都市宣言」を行い、「楽都・郡山」をアピールしていくようになる。「郡山駅は各地へ行く乗り継ぎの結節点で目立った観光地がない。『楽都郡山』として知名度を上げたいところです」と駅メロ採用時の郡山駅長、百々さんは言う。

GReeeeNが寄り添う「楽都・郡山」の未来

GReeeeNは2020(令和2)年に放送された朝のテレビ小説『エール』の主題歌、『星影のエール』を担当した。福島県出身の作曲家で『栄冠は君に輝く』で知られる古関裕而と妻・金子の物語で、同年には、この歌を市民を挙げて合唱する「32万人の大合唱プロジェクト」が行なわれた。郡山JCが企画・主催し、この歌を歌う様子を撮影した動画を募集、抽選で県産品をプレゼントするというもので、県内外の400人以上から応募があった。動画は「市民」「企業」「アーティスト」の3種類を制作、期間限定で公開された。GReeeeNは「音楽の街『郡山』から音楽の力を全国に、世界に届けていけると信じています!」とメッセージを寄せた。

また、2024(令和6)年の「郡山市制施行100周年」に向け、GReeeeNが記念楽曲を制作する。まず郡山にゆかりのあるZ世代から歌のヒントになるエピソードやメッセージを3月から6月にかけて募集、制作して9月にはお披露目の運びという。「Z世代」とは、1990年代後半~2010年前後に生まれ、生まれた時からインターネットに接してきた「デジタルネイティブ」として、SNS等を通じてSDGs等の社会問題に対する関心、貢献意識が高い傾向にある特徴を持つと言われている。そうした世代から郡山の未来を探ろうというプロジェクトで、GReeeeNからの申し出があったという。「この楽曲を通じて、みんなで一つの絆を作り、未来へとつなげていきましょう」とのコメントを、郡山市の広報紙2024年1月号に寄せている。

GReeeeNのフロンティア大使就任をきっかけに、郡山市の活動は、全国的な広がりを見せている。「メンバーの皆さんの協力がなければ、ここまでこれませんでした」と担当の星さんは言う。アマチュア時代からメンバーと親交の深い、元ライブハウス経営者の福井公伸さんは「彼らが有名になった今も、メンバーの写真や画像が一切、ネット上に流出していない。これは彼らがいつでも素のままで戻って来られるよう、プライバシーを守ろうとする気持ちが地元に強いからです。とはいえ彼らにとっての郡山は、ビートルズの故郷、英国のリバプールのような街。資料館を作るなどしてもいいなと個人的には思います。本当はＯＮＥ ＳＴＥＰ・フェスティバルをもう一度、やれたらいいんだけど」と将来に夢を託している。

※ GReeeeN は現在、GRe4N BOYZ と改名し活動中

JR福島駅と『栄冠は君に輝く』 福島県福島市

「古関裕而のまち」の震災復興への思い

朝ドラ『エール』効果で全国区、メロディーバス運行

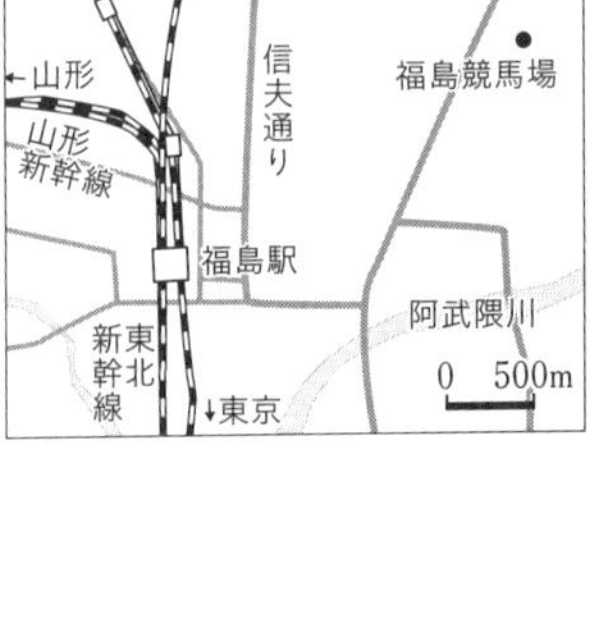

私が全国紙の支局長として秋田への赴任が決まった2016（平成28）年秋、東北（秋田）新幹線で東京から現地入りをした。途中停車した福島駅で、高らかに響く『栄冠は君に輝く』（作詞：加賀大介、作曲：古関裕而）のメロディを聞いて驚いた。全国高等学校野球選手権大会の大会歌である。「甲子園の歌がなぜここで？」。早速スマホでググってみると、作曲した古関裕而《こせきゆうじ》（1909〜1989）が福島出身という。「古関裕而って誰？」。さらにググると、出てきた晩年の写真に見覚えがあった。小学生の頃、毎週日曜日の夜にテレビで放

ＪＲ福島駅前で、古関裕而の「野球殿堂入り」を祝う横断幕

送されていた『オールスター家族対抗歌合戦』（１９７２〜１９８６　フジテレビ系）の審査員のおじいさんだ。この人だったのか、とやっと気が付いた。かつての古関に対する認識は、一般的には私の印象に近かったのではないか。

２０２３（令和５）年秋、久しぶりに福島を訪ねると、街並みはすっかり〝古関裕而のまち〟に生まれ変わっていた。駅前には「古関裕而のまち福島市」「祝・野球殿堂入り」という横断幕がかかり、駅前から続く通りは「古関裕而ストリート」となっていた。古関の音楽を紹介する「メロディーバス」が市内を循環、このバスは、古関の資料や遺品を展示する、福島市古関裕而記念館にも停車する。街中には、ボタンを押すと古関メロディが流れ

ＪＲ福島駅の新幹線構内には、「古関裕而のまち福島市」を紹介する案内板

る、オルガン型の「古関裕而メロディーボックス」を設置。そばにあるマンホールは蓄音機をかたどり「古関裕而のまち福島市」と刻まれている。

数年の間に、古関が全国区の有名人になるまでには、福島の人々の地道な努力があった。

古関の名前を知らなくても、そのメロディは多くの人が耳にしているはずだ。『六甲おろし』『紺碧の空』『高原列車は行く』『君の名は』『モスラの歌』『長崎の鐘』『若鷲の歌』『オリンピック・マーチ』などなど。勇壮な行進曲を得意としながら、戦後は劇作家の菊田一夫と組んで舞台音楽を手掛ける。その傍ら社歌、校歌も頼まれれば引き受け、生涯に書いた曲は５０００曲に上るという。

生家は老舗呉服店で、現在の福島市中心部にあった。現在は日本銀行福島支店や東邦銀行本店が軒を連ねる目抜き通りで、今は「古関裕而ストリート」になっている。古関は恵まれた暮らしで音楽を志すも家業が傾いてしまい、銀行で働きながら英国の作曲コンクールに応募して入賞。山田耕筰（１９８６～１９６５）の推薦でコロムビアレコード専属の作曲家になった。作曲は楽器を使わず、全て頭の中で行なったという。福島市は１９８８（昭和63）年に古関裕而記念館を開館、愛用のオルガンや８ミリ撮影機、直筆の楽譜などを展示している。ＪＲ福島駅のロータリーには、古関の音楽が一時間ごとに流れるモニュメントがある。

曲は知られていても、作った人は知られていない～福島ＪＣが駅メロ化でＰＲ活動～

古関は近年「曲はよく知られていても、作った人は知られていない」という状況にあった。「県内外でもっと知ってもらうことで地域を盛り上げたい」と、最初に立ち上がったのが福島青年会議所（ＪＣ）だった。「２００９年の古関の生誕１００周年を機に、ＪＲ福島駅のメロディに採用してもらおうと考えました」と元理事長で電気設備工事会社経営の作田謙太郎さん。

福島市内にある古関裕而記念館

その準備として福島ＪＣは２００７（平成19）年、同年の福島市制１００周年記念を銘打った古関メロディのＣＤを制作。収録曲を決めるために実施した市民アンケートの一位が『栄冠は君に輝く』、二位が『高原列車は行く』（作詞：丘十四夫）だった。「この二曲を駅のメロディにしたい」と、福島ＪＣはＪＲ福島駅に働きかける。当時の駅長の三浦丈志さんが「駅は街とつながる盛り上がりの拠点。列車が出ていくイメージでお願いしたい」と快諾。ミュージシャンの、はんだすなおさんがシンセサイザーで「二曲とも跳ねるようなメロディ。シンプルで、かつ派手さが残るように作った」のが音源となった。新幹線ホームは『栄冠は君に輝く』、在来線は『高原列車は行く』が2009（平成21）年4月から採用された。

『栄冠は君に輝く』は1948（昭和23）年、新制高等学校による全国高等学校野球選手権大会が始まるのを機に、古関が大会歌の作曲を依頼されたものだった。古関は実際に甲子園球場に行ってマウンドに立ち「脳裏にメロディがわき自然に形づくられた」と唯一書き遺した自伝『鐘よ鳴り響け』に記している。古関が卒業したのは現在の福島商業高校で、甲子園出場の常連校という縁もあった。ただ長男の正裕さんは「父はスポーツを全くしない『運動音痴』でしたが、母校が甲子園に出場するとテレビでよく試合を見ていました」と苦笑いする。

福島市内を循環する「古関裕而メロディーバス」（下）と市内のマンホール。福島は音楽にあふれている

地元の誘致活動が実を結んだ初のＮＨＫ朝ドラ

並行して福島ＪＣが進めていたのが、古関の人生をＮＨＫの朝ドラで取り上げてもらおうとの運動だ。

古関裕而と妻・金子（１９１２〜１９８０）の夫婦の歴史は、「ラブレターによる遠距離恋愛」から始まっていた。古関が英国の作曲懸賞に入賞した際、愛知県豊橋市でそのことを報じる新聞記事を読んだ金子は、声楽を学ぶ女子学生だった。金子は古関に憧れファンレターを出した。そこから文通が始まり、結婚に至る。そしてしっかりものの金子は、夫を支え続けた。そんな両親を見守ってきた正裕さんは、二人が残した書簡をベースにした『君はるか』（２０２０　集英社インターナショナル）という恋愛小説を２０１０（平成22）年頃までに書きあげていた。だが、なかなか出版社が決まらない。そんな時、励ましてくれたのが福島の人たちだったという。「ゲラを読んでくれて『古関夫妻の物語を何とかＮＨＫの朝ドラにしたい』と言ってくださったのがきっかけになりました」。

福島市は２０１６（平成28）年、福島商工会議所、福島ＪＣとともに「古関裕而・金子夫妻ＮＨＫ朝の連続テレビ小説実現協議会」を立ち上げて本格的な招致活動を始める。金子の故郷である愛知県豊橋市と連携。東京オリンピック・パラリンピックが予定されていた2020（令和2）年前期の放送実現を目指し、福島市と豊橋市を合わせ、約16万人分の署名を集めNHKに要望書を提出した。活動が実り、2019（平成31）年2月に『エール』として2020（令和2）年前期に放送されることが決定する。2011（平成23）年3月に発生した東日本大震災で、東京電力福島第一原子力発電所の事故で大きな痛手を受けた福島の復興を支援する願いもあっただろう。

「僕が二人の手紙を勝手に紹介しちゃったから、恥ずかしがっているかもしれない。でも現代の人々の心にもつながる純愛で、どうしても紹介したかった。両親はドラマ化を、きっと喜んだはずです」と正裕さん。

コロナ禍で逆風の『エール』放送、福島県内の視聴率は32・1%

『エール』初回の放送では窪田正孝さん

ＪＲ福島駅前の古関裕而のモニュメント。時間ごとに異なる古関メロディを奏でる

演じる古山裕一（古関裕而）は、１９６４（昭和39）年の東京五輪の開会式直前、自分が作曲した『オリンピック・マーチ』の出来に自信がなく、緊張してトイレに籠ってしまい、二階堂ふみさん演じる妻の音（金子）に励まされ出ていく様子が冒頭で紹介された。「実際はあんなことはなかった」と正裕さん。「父は人前に出ることを厭わない、プレッシャーに強い人でした」。正裕さんは、家ではめったに仕事の話をしなかった古関が、この仕事を依頼されたことを嬉しそうに話していた姿を覚えている。

いっぽう二階堂さんが演じた音は、かなり金子のイメージに近かったという。ドラマで描かれたように、夫の契約条件の交渉でレコード会社に乗り込んでいくような行動派で夫を支え続け、家ではいつも歌を歌っている「太陽のように明るい人でした」。金子は乳がんで早くに亡くなるが「母に先立たれたあとの父は落ち込んでしまい、寂しそうでした」（正裕さん）。

ドラマでは、古関の親友で同郷の歌手・伊藤久男（１９１０〜１９８３）がモデルの、ミュージカル俳優の山崎育三郎さん演じる佐藤久志のプリンスぶりが際立った。音の通う帝国音楽学校に在籍し、女子学生を悩殺するモテぶりだ。「伊藤さんには晩年にお会いしたのを覚えています。すでにお年を召されて枯れたイメージで（笑）。お若い頃の写真はかなりイケメンですが、実際の帝国はそう女子学生は多くなかったはず。あんなことが本当にあったのかな」と正裕さんは微笑む。

ほかに古関が師事した山田耕筰がモデルの作曲家・小山田耕三を演じた志村けん（１９５０～２０２０）が新型コロナウイルスに罹患《りかん》して急逝、古関が親交のあった作曲家・古賀政男（１９０４～１９７８）がモデルの木枯正人を、人気ロックバンドRADWIMPSの野田洋次郎さんが演じるなど『エール』は話題に事欠かないドラマだった。放送された２０２０（令和２）年はコロナ禍での撮影中止と放送延期、東京五輪の延期など逆風続きだったが、11月末に終了した『エール』の平均視聴率は関東地区で20・１％、関西地区で18・１％と健闘し、福島地区では32・１％という高視聴率だった。いかに福島の期待が高かったかが分かる。

なお、山崎育三郎はミュージカルなど舞台を中心に活躍していた実力派俳優で、『エール』でブレイクする。番組中において、甲子園のマウンドで『栄冠は君に輝く』を披露、２０２３（令和５）年８月の全国高等学校野球選手権大会の開会式では同じく独唱するなど、古関メロディを引き継ぐ歌い手となった。

また、ドラマ主題歌の『星影のエール』は、福島県郡山市で結成された音楽グループ

GReeeeNのオリジナル。GReeeeNは福島県内にある歯科大学で出会ったメンバーで構成され、現在も歯科医師を本業としていることから覆面で音楽活動を続けている。リーダーのＨＩＤＥさんはじめ、メンバーは福島へ貢献したいとの思いが強い。メンバーは『エール』に関われることが光栄で、「戦後、多くの方が古関さんの音楽に支えられたように、主題歌も日々起こる人生の大事な場所で支えられたらうれしい」とコメントを出した。この主題歌により、GReeeeNは福島を代表する音楽グループとして認識されるようになった。

古関の野球殿堂入り、そして世界へ

２０２３（令和５）年には古関裕而氏の野球殿堂入りが実現する。福島市は２０１８（平成30）年に「古関裕而氏の野球殿堂入りを実現する会」を福島商工会議所、福島商業高校同窓会などと結成していた。きっかけは日米野球史に詳しい池井優・慶應義塾大学名誉教授が、講演で古関氏の殿堂入りを提唱したこと。「実現する会」は、運営元の公益財団法人、野球殿堂博物館（東京）に推薦書を出し続けるなど地道な活動を続け、五年目での実現となった。野球発展の功績者としての「特別枠」だった。「父は運動が全くダメでして。それが野球の殿堂入り。もう死んでいますけど、死ぬほどびっくりしていると思います」（正裕さん）。

福島が古関裕而で地域を盛り上げたのは、官民をあげての活動が功を奏したことと、功績を残したいという家族の強い思いがあったからだろう。震災復興の願いがその原動力にもなった。「ここまで盛り上げて頂いて、これ以上、望むことはないけれど、強いて言えば海外の方に、古関裕而の音楽を聴いてもらえたら、と思います」と正裕さんは言う。

当面のターゲットは、野球の活発な米国か。甲子園でも大活躍した米大リーグ・ドジャースに入団し、東北出身でもある大谷翔平選手に、橋渡しになってもらえたら、と願うのは贅沢だろうか。

古関の生家跡地に立つ記念碑

ＪＲ秋田駅と『明日はきっといい日になる』　秋田県秋田市＆潟上市

「何でもない日常」の価値を再発見

東京から4時間、スイッチバックでたどり着く最果ての街

秋田新幹線は、東京駅から走り出す際には東北新幹線の車両と連結されている。赤い「こまち」と緑の「はやぶさ」の連結車両は、多くの鉄道ファンが集まる人気の撮影スポットだ。最高時速３２０㎞で走る連結車両はＪＲ盛岡駅で切り離される。青森・北海道方面へ向かう「はやぶさ」と別れ、日本海側にぐいっと左に曲がる秋田新幹線「こまち」は単線の在来線を走り、時速は最大１３０㎞と特急電車なみ、山間部ではローカル列車並みの速度となる、いわゆる〝ミニ新幹線〟だ。

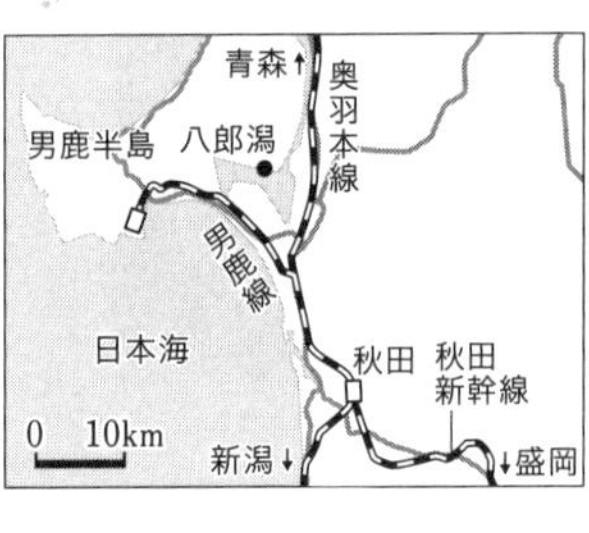

ＪＲ秋田駅（2023年９月）

山間部の沿線にはクマが出没、秋田新幹線の車両との衝突事故もしばしば起きる。線路の保線担当者はクマよけの鈴をつけ、半ば〝命がけ〟で作業に当たっていると聞く。そんな山岳地帯を抜け、大曲駅からは進行方向が逆方向にスイッチバックする。後ろ向きにゆるゆる走る新幹線は東京から約４時間かけて、ＪＲ秋田駅にやっと着く。

私が所属していた全国紙で秋田支局長の内示を受けたのは２０１６（平成28）年夏、全く予想できなかった、突然の人事だった。急な人繰りの問題が生じたためだった。まずは日本地図を見て秋田県の場所を確認した。岩手と青森は行ったことがあったが、恥ずかしながら秋田には足を踏み入れたことはなく、土地勘が全くなかった。赴任のため、最初に秋田駅に降り立ったときは「かなり遠いところに来てしまった」という実感があった。何しろ東京から盛岡を経由した直線距離の青森までは最短で三時間あまり、かかる時間だけみれば秋田は青森より遠いのだ。人口減少率、高齢化比率、自殺率などが軒並みワースト一位を記録しており、将来の「消滅自治体」とまで言われる秋田県を嫌い、早々に県外へ出てしまう若者は少なくない。

秋田県横手市出身のシンガー・ソングライター、高橋優さんもかつてはその一人だった。田舎が嫌で高校卒業後に札幌の大学に進み、路上での弾き語りを経てスカウトされ、東京へ行きメジャーデビュー。だが「離れてみて初めて分かった」という故郷の良さを知ってほしいと秋田で様々な活動を続けている。２０１５（平成27）年には、秋田県から「あきた音楽大使」に任命された。ＪＲ秋田駅、新幹線ホームの発車メロディ『明日はきっといい日になる』（作詞・作曲：高橋優）や、毎年夏に県内を巡演していく恒例の野外ライブイベントなど、高橋さんの音楽がきっかけとなった活動は、若者から大人まで多くの人々を巻き込み広がりを見せている。原点にあるのは、地域における人とのつながり、豊かな自然や文化など「何でもない日常にこそ価値がある」という視点であろう。そのメッセージは、高橋さんの歌にもつながっていく。

ＪＲ秋田駅の構内（2023年９月）

30代が駅メロ実現に奔走、「〝秋田〟はきっといい日になる」

　高橋さんの『明日はきっといい日になる』は、２０１７（平成29）年３月の秋田新幹線開業20周年を機に、駅メロに採用された。何気ない日常でも笑いあい、明日もいい日にしていこう、という希望を歌ったこの歌は２０１５（平成27）年発表、自動車のコマーシャルにも使われ、秋田でのライブでは「〝秋田〟はきっといい日になる」と歌詞を変えての大合唱になる。「駅のメロディになった時は最初、両親を連れて聞きに行きました。僕の声が入っていないからか父が気づかなくて。もう一度、流れるまで待ちました。僕の歌が駅で流れるなんて感無量です」と、高橋さんは話している。

駅メロを実現させたのは高橋さんと同年代の、当時30歳代の若者たちだった。発案はJR東日本秋田支社の吉田峰弘さん（当時）。秋田県内の駅のメロディでは地域に伝わる民謡（JR田沢湖駅）やお囃子（JR角館駅）がすでに採用されていたが、現代のポピュラー音楽の例はなかった。「東京から来た人にも分かり、秋田の希望を感じさせる発車メロディを作りたかった」（吉田さん）という理由からだ。その後、高橋さんには「秋田はきっといい日になる」というキャッチフレーズを書いてもらい、その素材をもとにサインボードを作成してJR秋田駅西口に掲げた。その場所は全国からファンが訪れる、ちょっとした聖地となった（現在は撤去）。

メロディの編曲は、秋田を拠点に活動するミュージシャンの渡部絢也さんが担当した。吉田さんは「15秒以下でピタッと終わり余韻が残る形」と発注。渡部さんは全国の駅のメロディをファンサイト等で聴き比べ、JR茅ケ崎駅で使われているサザンオールスターズの『希望の轍《わだち》』を参考にした。「原曲のイメージを損なわず、前に進む力強さを演出できた」と振り返る。

秋田市出身の渡部さんは市内の高校・大学を卒業して、三年間の会社勤めののち、音楽の道を諦めきれず、秋田市を拠点に音楽活動をスタートした。ウナギに似た魚をコミカルに歌う『ちんあなごの歌』が秋田県内でヒット、イラストレーターのいせきあいさんと組んで、子ども向けの音楽活動も行なってきた。「いつか僕も自分のオリジナルで発車メロディを手がけてみたい」と話す。

秋田から東京に行き、メジャーデビューした高橋さん、地域で子どもたちのために音楽活動を続ける渡部さん、そして音楽で地域を盛り上げようとしたJR東日本秋田支社（当時）の吉田さんと、接点がなかった当時30歳代の同世代を結んだ高橋さんの音楽は、その後も大きな広がりを見せていく。

秋田を出て分かった故郷のありがたさ、夏フェスに結実

高橋さんは毎夏に秋田県内の13市を順番にまわる野外ライブ「秋田キャラバン・ミュージックフェス」を２０１６（平成28）年から開催している。コロナ禍の中止を経て、6回目となった２０２３（令和5）年の会場は潟上市、元木山公園に隣接する陸上競技場で9月16、17日の二日間行なわれた。同年はクマの出没と人身被害が秋田県内各地で過去最悪のペースで起こり、会場内にも「クマ出没注意」の掲示が出されていたほどだ。だがフェ

「秋田キャラバン・ミュージックフェス2023」の様子（潟上市の元木山公園、2023年９月16日）

スの盛り上がりに恐れをなしたのか、クマは現れなかった。

潟上市は人口が約３万人、八郎潟で獲れるワカサギの佃煮が知られているが、目立った観光スポットはなく、大きな宿泊施設やホールはない。秋田を訪れる観光客は「なまはげ」で知られる男鹿半島への通過点とする地域で、ミュージシャンの全国ツアーでも、まずスルーされる街である。だが今回のフェスには二日間で約１万８０００人が詰め掛けた。全国の高橋優ファンのほか、特別に設けられた潟上市民枠で、多くの地元の家族連れが参加した。会場の最寄り駅はＪＲ大久保駅（奥羽本線）で、会場までは徒歩20分あまり。ＪＲは臨時列車を走らせ、行き帰りの時間帯には臨時の切符売り場が設けられ、長蛇の列ができた。秋田市や男鹿市など、近隣の宿泊施設は満室と、高橋さんのライブはちょっとした〝事件〟であった。

フェスには両日のトリを務めた高橋さんのほか、フジファブリック、緑黄色社会、ゴールデンボンバーなど多彩なゲストが出演した。いずれも高橋さん自らが出演を打診し、快諾した人たちで、全てのステージで高橋さんが登場し、共演した。会場内は「横手焼きそば」など秋田ご当地グルメの他、地域で親しまれている飲食店が並び、お祭り気分を盛り上げた。二日間とも晴天に恵まれ、通常のライブでは見られない年配客、子どもなど家族が連れ立って音楽に耳を傾けた。

一日目に参加した私のそばには、小学校低学年らしき兄弟がいて、高橋さんのステージを立ったままじっと見つめていた。おそらく生まれて初めて見たライブに興味津々だったのだろう。ライブの誘致に尽力した鈴木雄大市長は「会場では『市長さーん』って声をよくかけられたので、地元の方がかなり来てくださっていたと思います。潟上市のような場所でもライブがやれるということを示したかった。今日このライブを見たということを、後々でも思い出にしてほしい」と期待する。

二日目のオープニングはサプライズで秋田県仙北市出身の歌手、藤あや子さんが登場、高橋さんが作詞・作曲した『秋田の行事』を一緒に歌った。この歌は2022（令和4年）年9月に発表。秋田民謡をベースに、歌詞は秋田弁そのままの応援歌で、元歌は秋田出身の藤さん、柳葉敏郎さん、佐々木希さんと秋田県人会との競演で制作されたご当地ソングだ。

街の魅力を再発見するガイドブック〜「何にもない」なんてことはない〜

そしてフェスでは毎回、高橋さん自ら開催地域を紹介する「秋田キャラバンガイド」を作成、無料配布している。フェスの参加者に、地域を歩いて魅力を発見してほしい、という思いからで、秋田県が経費を出し、秋田市内の企画会社が編集を担当している。高橋さんは潟上市での取材に丸二日間を費やしたという。

高橋さんは、同世代で明治時代創業の佃煮屋を継いだピアニストの千田浩太さん、曾祖父から続くワカサギ由来の魚醤を作る醤油屋を守る菅原芙美さんを訪ねた。葛藤を乗り越え、家業を継いだ二人と語り合い、仕込みに参加し、佃煮や醤油を使った料理に舌鼓を打った。また市内の小学校を訪ね、生徒たちが準備した、潟上市出身の農業指導者、石川理紀之助（1845〜1915）に関する研究発表を聞いた。他にも街の商店を訪ねて紹

ガイドブック『秋田キャラバンガイド』（著者所蔵）

介、さらには高橋さんが環境問題の専門家にインタビュー、フェスでのゴミの分別やマイボトル持参の働きかけを行なった。その結果、目立った観光名所がなかったはずの潟上市のガイドブックは、Ａ５版で約50ページの冊子というボリュームになった。

フェスが始まった当初から企画・編集を担当するアートシステム（秋田市）の関谷陽一さんは「観光から一歩ふみこんだ秋田の良さを紹介できるよう心掛けています。高橋さん自身、秋田を出て札幌、東京と暮らし、いい意味での『よそ者目線』を持っている。外の人から見てこそ分かる、その土地の『何でもない良さ』こそ、今の時代には価値あるものではないでしょうか」。

ガイドブックは、コロナ禍でフェス開催が中止となった2020（令和2）年、2021（令和3）年にも発行された。この際は、夏フェスで回らない自治体の「町」を紹介。「じゅんさい」生産量が日本一の三種町《みたねちょう》では、高橋さんが現地の若者たちと一緒に沼地に船で漕ぎ出し、摘み取りに挑戦、同じように五城目町の古民家を訪ねて名物の「だまこ鍋」を食べたりと活躍した。「みなさんにもっと秋田を知ってもらいたい気持ちと同時に、僕自身ももっと秋田を知りたい」と高橋さんは2020（令和2）年のガイドブックに寄せている。

高橋さんは「潟上市版」の取材で「『何もないところなのに来てくれるの？　ありがとう』といった言葉をたくさんもらいました。ですが実際は何もないことなんてなく」「潟上市を知っている人たちや、住んでいる人たちにも、改めてその魅力に気づいてもらえるかもしれない。そんな手ごたえを感じています」と、ガイドブックに言葉を寄せた。

離れて分かる故郷の良さ

私は秋田に赴任している際、総じて両親は子どもを県外に出したがらない、という印象を受けた。「一度県外に出たら二度と戻ってこないから」、「出せても（戻ってきやすい近場の）仙台まで」という話も聞いた。子どもたちが出ていってしまうのが寂しいという親心なのか。実際、秋田は目立った私大も専門学校も、そして働き先としての上場企業も東京や大阪と比べてはるかに少ない。一部の生徒は大学から都会に進学し、そのまま都会の企業に就職する。いっぽうで県内に残る生徒は、あえて高卒で、県庁や各市役所、県警、海上保安庁や陸上自衛隊など公務員や、学校推薦でＪＲ、ＮＴＴなど堅実な先に就職する

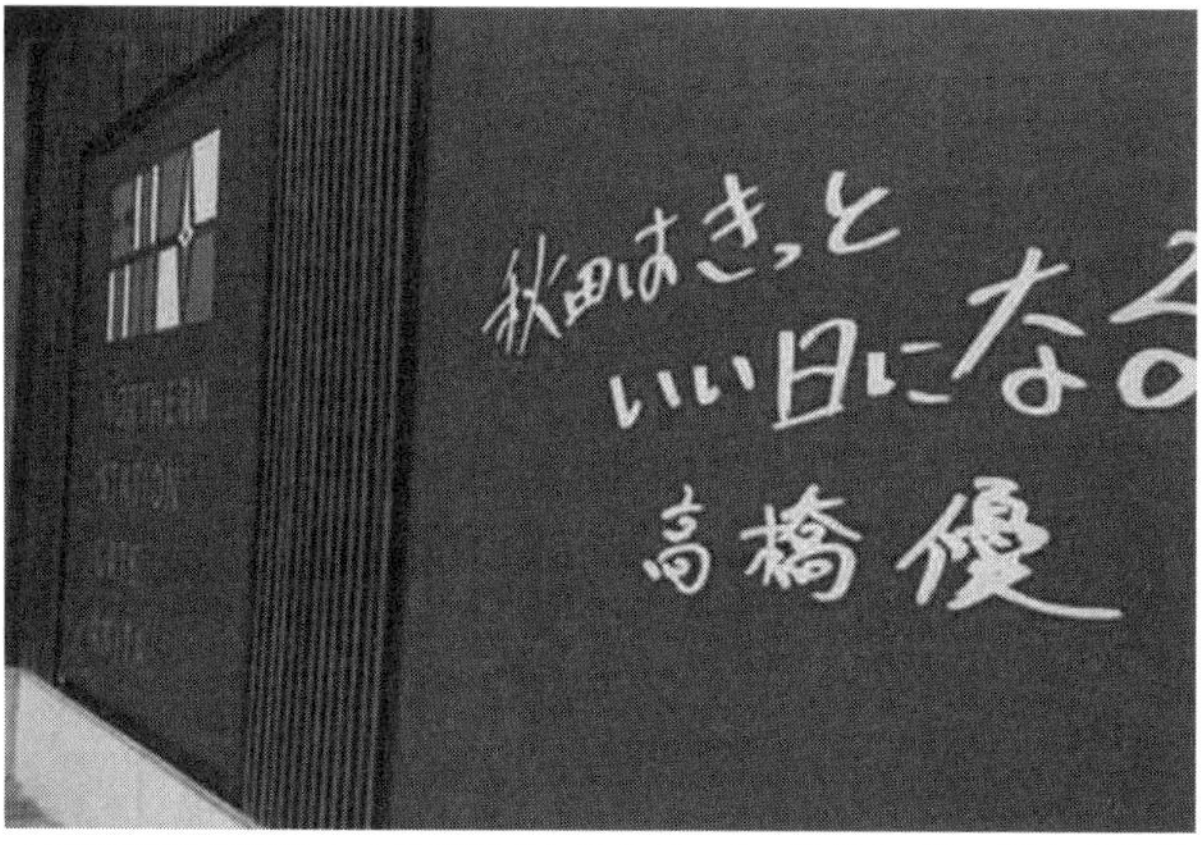

ＪＲ秋田駅に掲げられた高橋優さんのサインボード（2018年、現在は撤去）

道を選ぶ傾向もある。「中途半端な大学を出るよりも、高卒の方が就職しやすい」という実態があるらしい。

だが高橋優さんのように、いったん外に出て広い世界を知ることで、改めて故郷の良さを知り、好きになり、貢献したいと力を尽くす、という人生もあるだろう。若者達には地元にとどまらず、積極的に広い世界に出ていってほしい、家族も笑って送り出してあげてほしいと願いたい。そんな高橋さんと音楽のおかげで、秋田は、失いかけていた自信と元気を取り戻しつつあるのだから。

第5章

「何の変哲もない街」の地域おこし大作戦

JR杵築駅と『おかえりの唄』大分県杵築市

「おかえり」「ただいま」のプロモーション映像と南こうせつさんのサポート

「何の変哲もない田舎街」を盛り上げるには

大分県杵築市は、人口2万7000人あまりの県北東部に位置する温暖な街で、城下町を擁する〝小京都〟とも呼ばれ、柑橘系の果物が豊かに実る街だ。とはいえ、多くの観光客が押し寄せるほどの知名度があるわけではなく、似たような地方都市は全国に山ほどあるはずで、「何の変哲もない田舎町」とも言える。そんな街を盛り上げていくにはどうするか。2021（令和3）年2月から始まった『おかえりの唄』プロジェクトは、地域商社とケーブルテレビ局を中心

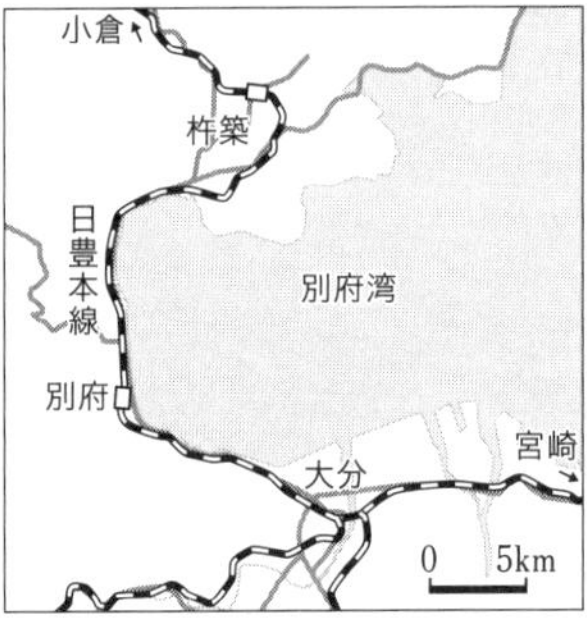

ＪＲ杵築駅

に住民たちが一丸となり、イメージ映像の制作、ＪＲ杵築駅の発車メロディへと進化した。このプロジェクトの実現は、杵築に40年以上も在住しているシンガー・ソングライターの南こうせつさんの協力あってこそ、のものだった。

『おかえりの唄』（作詞：星野哲郎、作曲：南こうせつ）は、南さんが、デビュー50周年記念で２０１９（平成31）年に発売したアルバムに収録された〝新曲〟だ。１９７０年代半ばに、作詞家の星野哲郎（１９２５〜２０１０）から贈られたまま〝お蔵入り〟していた歌詞を再発見し、改めて曲をつけた経緯があった。

この歌は「おかえり」の声が聞かれる小さ

い街の日々の暮らしを大切にし、明日も前向きに生きようと歌っている。南さんが星野から歌詞を受け取ったのは、１９７０年代半ばの「四畳半フォーク」全盛の時代で、当時の流行のメッセージソングなどとは程遠い内容だった。南さんはこの歌詞を「時代に合わない」と考え、引き出しにしまい込んで忘れてしまっていた。

その後、50年あまりを経て、南さんが自宅の荷物の整理をしていた際に歌詞を偶然発見、「今の自分だからこそ歌いたい」と、杵築市の海や山、田んぼが広がる風景をイメージして曲をつけ、50周年記念のアルバムに収録したのだった。

派手さはNG、草の根で人気を高めていく

この歌が杵築市のプロモーションに使われることになったのは、杵築市の地域商社「きっとすき」の大蔵賢代表（当時）の力が大きい。大蔵さんは大分県出身で、東京の大手広告代理店を定年退職後、大分に戻って、東京での経験を地域おこしに活用したいと、杵築市の地域商社の人材公募に応募して採用された。

まずは柑橘類など地場産品の販路を広げる活動をし、販売量を大幅に増やすことに成功した。だが、折りしもコロナ禍が始まり「本当に街のためにできることは何か」を思案。

「コロナ禍で疲弊した街を勇気づけたい、盛り上げたい」との考えに至り、２０２０（令和２）年初頭に南さんに思いのたけを綴った手紙を送った。南さんは大分県の別の地域の出身で、「温暖な自然の中で子どもを育てたい」と、それまで住んでいた富士山麓から引っ越しを検討していた際に、縁あって杵築に移り住む。それから40年あまり、時間があれば農作業を行なう気さくな人柄で、地域にすっかり溶け込んでいた。ただ公には「国東半島に在住」とだけ伝え、杵築市在住であることは公にしていなかった。

そんな南さんが「杵築を元気にしたい」という大蔵さんの熱意を理解し、『おかえりの唄』を「好きに使っていいよ」と無償で提供することになった。長く杵築市に住み、「そろそろ地域に協力してもいい」と考え始めたタイミングでもあったという。

この歌を街のためにどう活用するか。大蔵さんは、地元ケーブルテレビ（ＣＡＴＶ）局の「杵築ど〜んとテレビ（ＫＤＴ）」の岩崎利顕さんに相談に行く。検討の結果、三つの活用策を決めた。①「おかえりの唄」をＫＤＴオリジナル番組のテーマソングとして活用する　②『おかえりの唄』を使った杵築市のプロモーション映像を制作する　③『おかえりの唄』をＪＲ杵築駅の列車到着メロディとする、の三点だ。

「私は東京の広告会社で、カップヌードルのＣＭで音楽を活用する仕事をしたこともあり、その経験を生かせると考えました。最初に東京の代理店が行なうような少し派手な企画を提案したのですが『なんか違う』と南さんに却下されまして（笑）。市民の間で『この曲がいい』とじわじわ人気が高まる、草の根の運動でやっていこう、という話になりました」（大蔵さん）。

南さんのプライベートを大事にする暮らしを、杵築の人々はそっと見守っていた。「何かをお願いにいく」という存在では決してなかったのだ。そこに、都会での交渉事に経験豊富な大蔵さんの力が加わって化学反応が起きた。「われわれ地元住民は、南さんの存在を知ってはいても、頼みに行くことには遠慮があった。今回スムーズに運んだのは、大蔵さんのおかげです」とＫＤＴ岩崎さん。

故郷はいつでもあなたを待っている

２０２１（令和３）年２月から始まったプロジェクトは、まずは『おかえりの唄』のイメージ映像の撮影だった。撮影には市民１１５人が参加、故郷に帰ってきた家族に「おかえり」と呼びかけることを想定したシーンを、順番に撮影していった。後日、制作されたメイキングビデオ『おかえりの唄が生まれる街』（２０２３年７月公開）で、出演したある市民は「帰ってこれない息子に『おかえり』というつもりでやりました」と話している。「一人でも多くの市民と、杵築の自然豊かな景色を紹介することに努めました。普通の人の普通の風景を撮りたかった」（岩崎さん）。南さんが、ＪＲ杵築駅の駅員に扮し、永松悟市長が畑に立つ案山子に扮して、ともに一瞬だけ登場する。映像の中ではみんなが「いち市民」である。

本編の映像は２０２１（令和３）年４月に完成した。大分県は在京キー局の数が少なく、ＫＤＴに入れば福岡の地上波の番組が視聴できるため、世帯加入率が92％と非常に高く、ＫＤＴで流すだけでも市民には十分に浸透する。だが、それだけではもったいないと、全国への波及を目指しYouTubeでも流すことにした。映像には「故郷はいつでもあなたを待っている」というメッセージがある。岩崎さんは「撮影当時はコロナ禍で、『おかえり』『ただいま』を言いたくても言えない人は杵築だけではなく、全国の誰もが同じ思いだから、と公開を決めました」と振り返る。音楽の力で、大切な人や会いたい人に会えない全国の人を元気にしよう、という願いがあった。

映像『おかえりの唄』は、県内外の多くの人々の共感を得た。２０２２（令和４）年６

月には全国のＣＡＴＶが参加した「ベストプロモーション大賞」で準グランプリに輝いている。「『おかえり』という言葉が、とくにコロナ禍でふるさとに帰ることができない人々にもやさしく伝わるとても良い作品でした」との評価だった。南さんはメイキングビデオの中で、「『おかえり』は人と人とが触れ合う時の、優しい、懐深い愛情の言葉。『ふるさと』が持つキーワード。杵築がそんな温かい街、帰りたくなる街になってくれたら。きっと日本中、世界中の人が『ふるさと』に対して同じように思っている。そんなことが点から線になり、面になって伝わっていったらいいなと思う」と話している。

２０２１（令和３）年８月からはＪＲ杵築駅の列車到着メロディとして使われている。杵築市の打診をＪＲ九州大分支社が快諾した。音源は南さんが監修し、オルゴール調の音源を業者が制作。お披露目式では「コロナ禍で閉塞《へいそく》感がある世の中だが、この歌を聴いて元気になってほしい」と挨拶した。同時に市内40か所の屋外スピーカーから流れる夕方のミュージックチャイムを『おかえりの唄』に変えた。杵築市のホームページ上で楽譜を公開。誰もが自由に使える形になっており、地元の県立杵築高校吹奏楽部の演奏のレパートリーともなった。吹奏楽部は２０２２（令和４）年11月に杵築市で行なわれた南さんのコンサートにゲスト出演し、『おかえりの唄』を披露するまでになった。南さんは高校生達の祖父母の世代にあたるが、練習を見に行くなどして交流を深めた。歌が世代を超えて人々をつなげることになった。

「そのまま今を生きている自然体がいい」「人口を増やすことが正義ではない」～南こうせつさん

南さんに映像、そして杵築への思いを聞いた。

「映像には僕も駅長役でちらっと出演しています。皆さんの表情がいいでしょう？　杵築という小さな街で、笑顔でこうやって挨拶をしてくれる。演出なし、そのまんま今を生きている自然体。その表情を見て僕自身もほっとする。『それでいいんだよ』『そのままでいいんだよ』というメッセージです。自分が死んであの世へ行き、魂の故郷に帰ったら、来世の人たちがああいう風に『おかえりー』って迎えてくれるような気もしますね」。

南さんは、杵築市に40年以上も住んでいるが、積極的に公表してこなかった。「住む場所にビジネスを持ち込みたくなかった。でも僕も70歳を超え、デビュー50周年を超えた。そんな時に、お話をいただいて。僕の歌で喜んでいただけるなら、もういいかなってＯＫしました」。

小さな街の日常を歌う『おかえりの唄』は、なぜ長くお蔵入りしていたのだろうか。

「星野さんがその昔、食事会の後に『これ、どうかな』と原稿用紙に書いた詞を渡してくださった。ただ当時は1970年代の半ばでフォークブーム全盛、メッセージ性の高い歌が主流だったので『時代に合わない』と感じて、しまいこんだままになっていました。それが数年前、家の中を整理していた際にひょっこり出てきた。改めて読み返してみると、詞が本当に何か胸に染みたんですね。デビュー50年、70歳を機に今こそ歌いたいという気になった。星野先生が『読めよ』って本棚からポロンと落としてくれたと思っています。気が付けば40年もこの街に住んでいて、それも運命かなあ、と思いました（笑）」。

何とか観光客を呼び込みたいと、何らかの話題や観光資源を作ろうと躍起になっている地方都市も多い。でも南さんの視線は違う方を向く。

「増やすことが正義なのかな？　人口が減るから困るっていうけど、一人あたりの緑の面積が増えると思えばいいのではないかな。経済の成長をアイデンティティの中心に据えなくてもいい。『そのままでいいんだよ』と僕は思うんです」。

南こうせつさん

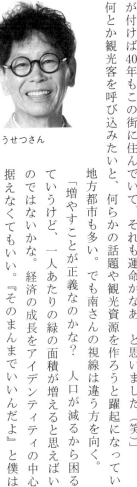

南さんがいう「そのままでいい」というメッセージは、観光地ではなく、人が暮らす街としての地域の在り方だ。一度立ち止まり、見つめ直してもよいメッセージではないだろうか。

ＪＲ津久見駅と『なごり雪』　大分県津久見市

伊勢正三ミュージアム
「海風音楽庵」が創る街
「温暖な地に降り、溶ける雪」
大分の原風景

１９７４（昭和49）年にフォークグループ「かぐや姫」が発表した『なごり雪』（作詞・作曲：伊勢正三）は、東京から故郷に帰る列車を舞台にしたホームでの別れがモチーフになっている。歌手のイルカさんが１９７５（昭和50）年に歌ったカバーが大ヒットしたが、実際の舞台は、伊勢さんの故郷である、大分県津久見市のＪＲ津久見駅（日豊本線）である。伊勢さん自らアレンジして制作した『なごり雪』のメロディが２００９（平成21）年10月から駅メロになった。きっかけは当時の駅長、後藤静昭さんが「かぐや姫」をはじめとする70年代フォーク

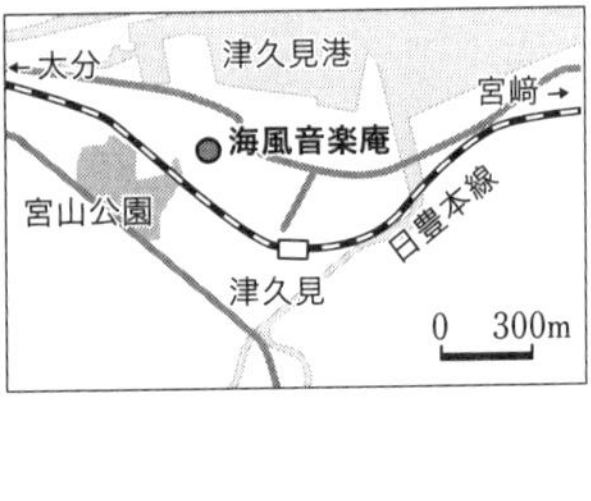

ミュージックのファンだったこと。新任駅長として２００６（平成18）年に着任した後藤さんは、何とか地域を盛り上げたいと考えた末の発案だった。

津久見市は自然豊かで温暖な、海岸沿いに広がる街である。全国高等学校野球選手権大会で、春と夏に優勝した記録を持つ県立津久見高校が野球の強豪校として知られ、良質な石灰石の産地であり、セメントが基幹産業だ。ただいずれも、観光客にわざわざ足を運ん

日豊本線津久見駅。ここが名曲『なごり雪』の舞台だ

でもらうには地味な素材である。

「何かほかにも探したい」と考えた後藤さんが行きついたのが駅メロだった。伊勢さんが津久見市出身と知り、地元の小中学校で同級生だった津久見市役所職員など、地域の皆さんを通じて伊勢さんに『なごり雪』の駅メロ化を打診した。「九州では当時、民謡を使った駅の発車メロディはありました。でも歌謡曲はなく、何とか『九州初』で実現させたかったんです」。

この申し出に伊勢さんは当初、難色を示したという。現役のミュージシャンであり、過去のレジェンドのように扱われたくない、といった思いがあったのかもしれない。説得には2年を費やし、最終的に了解が得られた。「やっと思いが通じました」と後藤さん。

『なごり雪』は、伊勢さんが初めて作詞・作曲を手掛けた歌だった。県立高校の一年先輩だった南こうせつさんと組んだ「かぐや姫」が、１９７３（昭和48）年に発表した『神田川』（作詞：喜多条忠、作曲：南こうせつ）で大ヒット。そこで「ステップアップし南こうせつ以外のメンバーも曲を書こうという話になり、僕にも曲を書くチャンスが来た」。「当時は21歳で、それまでの人生のいろんな経験が織り込まれていますけど、とにかくくサビが最初に浮かんできたんです」（産経新聞、２０１１年7月9日付）。それが、春が来て明るくなった恋人の表情を歌った一節で、メロディ付きで浮かんできたという。

歌詞には、雪が落ちるそばから溶けては消えていく様子も歌われている。これは南国に降る雪のイメージだった。「僕は九州出身だから、雪は落ちてはとける、そういうはかない感じなんです」（同）。歌の原風景は津久見駅だ。「なごり雪という歌の詞は、東京から九州に帰ってくる歌なんだけど、自分の心象風景としてはここなんです。雪は降らないんだけど、最後の名残の象徴として降っているわけです」（「伊勢正三ミュージアム　海風音楽庵」パンフレットから）。

石灰石の街の歌碑と「海岸通」

駅メロ用の音源は当初、伊勢さんのレコード録音をそのまま活用し、２００９（平成21）年10月24日に特急の一番列車の走行時にお披露目をすることが決まっていた。だが、その二週間前に伊勢さんから「レコードではなくオリジナルの音源にしたい」との打診がある。伊勢さん制作の音源が届いたのはお披露目式の前日23日。あわせてサイン入りの自筆のメッセージが寄せられた。

「線路の先にはロマンがある
日本中・・どこか誰かと繋がっている。
思えばあの日、ここから僕の夢は旅立ったのです。
ホームと言えば心の奥深く　いつもこの景色があるのです
『つくみ駅』に寄せて　伊勢正三」

「メロディが間に合うのか内心ヒヤヒヤでした。でも歌のイメージにぴったりな、とても素敵なメッセージで、感動しました」と後藤さん。このメッセージを刻んだ石碑をJR九州の本社にかけあって制作し、翌２０１０（平成22）年３月、駅前に設置した。歌碑用の石材は、後藤さんが市内の業者に依頼して、津久見で産出する石灰石を利用した。『なごり雪』で街から発信するものができた、と多くの市民の方に喜んでいただきました。街を誇りに思えるようになったのはとても良かったと思います」と、現在は大分市内の施設に勤める後藤さんは振り返る。

津久見駅から徒歩10分ほどの場所には、伊勢さんの資料を展示する「伊勢正三ミュージアム　海風音楽庵」がある。駅の横にある津久見市観光協会の事務所では、先に触れたパンフレットと、伊勢さんに関連した市内の名所旧跡を紹介した「津久見〝正やん〟マップ」を配布している。伊勢さんが通った市内の小・中学校、初めてギターを購入した楽器店、遊んだ港や海岸が紹介されている。『なごり雪』同様にイルカさんが歌って大ヒットした『海岸通』（作詞・作曲：伊勢正三）と同じ名前の通りとバス停が、ファンの写真撮影スポットなのだという。

観光協会の事務所で資料を集めていた私に、「伊勢さんの記念館が近くにあります。よかったら訪ねてみてください」と若手スタッフが声をかけてくれた。フォークソング全盛時代をおそらくは知らない世代だろうが、郷土出身の伊勢さんを誇りに思う気持ちが伝わってきた。マップを片手に、ぶらぶら海へ向かって歩いてみると、静かな空気の中に潮の香りが感じられた。海を臨むこの街で、伊勢さんの音楽性が育まれたことが分かるような気がした。

伊勢さんのギターも自筆の楽譜も〜「海風音楽庵」〜

津久見市で生まれた伊勢さんは、家の前が海で、大人に混じって釣りをし、山を駆け巡り、野球に打ち込むというアクティブな少年時代を過ごした。「初めて買ったレコードは坂本九の『上を向いて歩こう』（1961年）だった。確か東芝の赤いシングル盤だったと思う」（Webぴあ「伊勢正三　メロディーは海風に乗って」第1回、2024年2月21日付）。市立小・中学校を経て県立大分舞鶴高校に進学、一年先輩の南こうせつさんと出会い、音楽活動を始める。千葉県の私大に進学するために上京し、「かぐや姫」でプロデビューした。

ただ伊勢さんは、長く故郷とは距離を置いていた。複雑な心境をこう語っている。

「津久見では、ギター一つ弾くにも、コード表なんてどこにも売ってなかった。だから、上京したばかりのころは、何て恵まれてなかったんだろうって・・・」（朝日新聞2007年1月1日付インタビューから）。

もしかしたら地方出身者が、都会で抱くコンプレックスのようなものが、音楽で成功しても、心のどこかに引っかかっていたのかもしれない。それでも故郷は伊勢さんにとって大事なものだったはずだ。

「心の中で思い描いていたのは、やっぱり東京駅でなくて、日豊線のちっちゃなホーム。結局、それまでの自分自身との別れだった気もするんだな、僕にとっては。プロを目指して東京に出た後の日豊線のホームは、ものすごく切ないんですよ」（同）。

故郷から距離を置く、その心境に変化が起きたのは近年のことらしい。関係者によると、コロナ禍の影響もあって、伊勢さんは首都圏の自宅スタジオにあった音楽に関する資料、手書きの楽譜や歌詞、ステージ衣装、ギターなど楽器のほか、趣味の釣り道具などを津久見市に住む友人の河村和彦さんに委ねることにした。河村さんは実家が伊勢さんの実家の近所にあった幼馴染でもあり、地元のテレビ大分（フジテレビと日本テレビのクロスネット局）に勤務し以前、伊勢さんの特集番組を作ったことがあった。河村さんは地元関係者らと相談し、市内で、もとは食料品の商店のはなれだった、築百年近い古民家を資料館用に無償で借り受け、伊勢さんの資料館を開くことを決めた。

そこに伊勢さんから送られてきたのは、トラック数台分にもなった大量の資料や機材だった。ギターやベースの楽器、録音機材、レコード、ビデオ、自筆の楽譜に作詞ノート、使っていた机や趣味の渓流釣りの道具類など。その後、ステージ衣装も届き、「伊勢正三の全てがここにある」といった様相になった。

これら資料を公開する「伊勢正三ミュージアム　海風音楽庵」が２０２２（令和４）年７月に開館した。運営は河村さんを始めとする、伊勢さんの後輩たちを中心に結成された

「なごり雪の会」が手掛けており、週末の土曜、日曜のみオープンしている。展示内容は半年を目途に一回、入れ替えている。２０２３（令和５）年末現在で延べ２０００人近くが訪れており、伊勢さんのファンなどリピーターも多い。入館料は１０００円で、伊勢さんのヒット曲『22歳の別れ』（作詞・作曲：伊勢正三）にちなみ、22歳以下は無料である。県外からの来館者が８割以上を占めるといい、年齢層は60歳代以上のフォークソング世代から10歳代の若者層まで幅広い。チラシには「あの頃の自分と語り合える場所。」と紹介されている。

伊勢さんの品々があふれる「海風音楽庵」

子どもたちが本物に触れて、「自分も何かできる」と感じてほしい

『海風音楽庵』とは、伊勢さんの代表曲の一つ『海風』（作詞・作曲：伊勢正三）からとっている。この街に吹く海風が、伊勢さんの音楽の原風景の一つであることは間違いない。

「音楽庵は、ファンの方には『伊勢さんの空気感がある』と大変好評です。近所の小中学生は、伊勢さんが津久見市の出身だとほとんどの生徒が知りませんが、ちょっとのぞいてみて『入ってきていいですか』と来ることも最近は増えました」と河村さん。

伊勢さんには「海風音楽庵」を派手に宣伝するつもりはないが、音楽を志す子どもたちや若者が、津久見市のみならず全国から訪ねてくれる施設になってほしい、との思いがあるという。「地方でもギターや音楽に関心のある子どもたちはたくさんいる。プロが作った『本物』を直に見られる機会を提供したいと伊勢さんは考えたようです。自分が使ったギターや自筆の楽譜などを見て、何かを感じ参考にしてほしい。自分がそうだったように『自分でも何かできる』と気が付いてほしい、という思いです。ここにある衣装もギターも、今もコンサートで使用することがあり『その時は送って』と頼まれています（笑）」と河村さん。

2022（令和4）年12月には、津久見市民会館で開催された伊勢さんのコンサートに市立一中と二中の吹奏楽部と地元の少年少女合唱団がゲスト出演し、一緒に『なごり雪』を演奏した。伊勢さんは2024（令和6）年4月に市立一中と二中が統合して発足する、新制の市立津久見中学校の校歌を作詞・作曲した。伊勢さん自身は市立一中の卒業生だ。校歌は二番まであり、歌詞は津久見の海や石灰岩をイメージしながら「昔　海の底に雪が積もるように　白い山になった　素敵な物語」などと綴っている。自然に浮かんできたというメロディは、校歌には珍しく最後に転調する。

伊勢さんは制作の依頼を「とても光栄」とし、「生まれ育った津久見へ恩返しをする気持ちで作った」「縁あって生まれた土地に誇りを持ち、計り知れない夢を抱き、世に羽ばたいてほしい」とメッセージを寄せた。（大分合同新聞、2023年7月11日付）

「他人の歌」を自分の歌に取り戻した、大林監督の映画『なごり雪』

『なごり雪』の世界は大林宣彦監督（1938～2020）により、大分県を舞台として映画化され、2002（平成14）年に公開されている。歌がモチーフになっており、三浦友和さん演じる都会のビジネスマンが、妻に逃げられ、絶望の中、旧友から、妻が事故で危篤状態にあるので帰郷してほしい、と連絡があり、28年ぶりに故郷に帰るという物語だ。映画は、伊勢さんによる『なごり雪』の弾き語りから始まる。

　撮影のきっかけは、２０００（平成12）年に大分県で開催された全国植樹祭の総合演出を依頼された大林監督が、たまたま訪ねた大分県臼杵市の風景にほれ込んだことだった。津久見について大林監督はこう話していた。

「撮影中、正やんがなにげなく『自分の本当の古里は臼杵から一山超えた津久見なんです』と言った言葉が痛い思い出で残っていたんです」「津久見で町を一望できる丘に登ってみると、そこには正やんの曲の世界がみんなあるんですよ。ああ、古里にもともとあった歌を正やんが形にしたんだなと思いましたね」（「ヤング・ギター・クロニクル　Vol2　かぐや姫　青春という夢恋・歌」２００７　シンコーミュージック・エンタテイメント）。大林監督は、映画の撮影中に、伊勢さんの音楽への向き合い方が変わった、と話している。

「当初の彼は自分自身を『釣り師、温泉評論家』などと言っていたんです。『なごり雪』はすでに自分の手を離れた曲で、唄っていない時期が長かったようです。この旅の経験で、彼自身の手で、他人の歌になっていた歌を〝唄い戻す〟こと、さらに音楽家としてもカムバックしたんだと思います」(同)。

映画『なごり雪』は大分県で先行上映され、その後は「フィルムコンサート」として、映画上映と伊勢さんのギター弾き語りとのセットで全国行脚をしたという。

私は伊勢さんに直接、話を聞きたいと、関係者を通じて取材を打診したが、かなわなかった。本当の気持ちは推測するしかない。ただ複雑な思いで離れた故郷に、実は大きく育てられ影響を受けていたことを後年になって改めて気づき、自分ができることで何か協力したい、同じように音楽を志す若者たちを応援したいと考えたのではないだろうか。「海風音楽庵」にはそんな伊勢さんの気持ちがこもっているように思える。

２０２４(令和６)年は『なごり雪』発表から50年の節目となる。伊勢さんはイルカさんと一緒に５月から全国ツアーを行なうことが発表された。２人で歌う『なごり雪』は、発表当時に熱狂した団塊の世代を始めとする多くのファンへの感謝と、『なごり雪』を知らない、より若い世

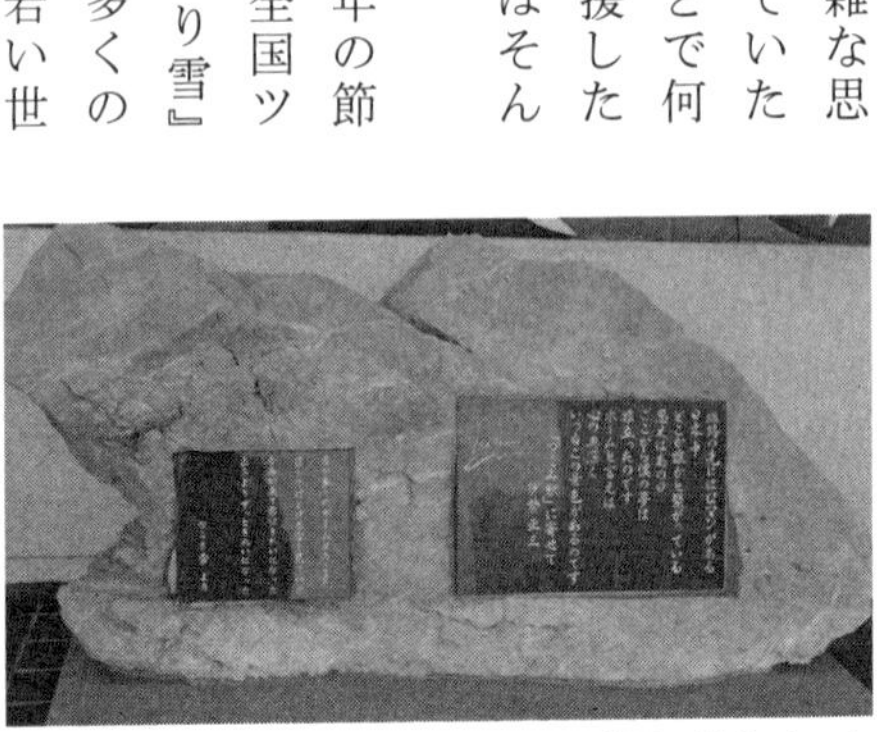

駅前の歌碑を見ると、『なごり雪』の世界に触れることができた

代へ向けた激励のメッセージともなるだろう。

ＪＲ水沢江刺駅と『君は天然色』 岩手県奥州市

「大谷翔平か大瀧詠一か」の街が、駅メロで魅力発信

大瀧は旧江刺市出身、大谷は旧水沢市出身

ＪＲ水沢江刺駅は、東北新幹線の大半の速達列車は通過する地味な駅である。お膝元の岩手県奥州市は南部鉄器で知られ、駅前には巨大な鉄瓶のオブジェがそびえる。だが、観光スポットは国立天文台水沢キャンパスを擁する奥州宇宙遊学館か、レトロな水沢競馬場くらい。地元住民の要望で設置された「請願駅」という事情もあるかもしれないが、一日の乗降客数は、隣の一ノ関駅の半分以下だ。

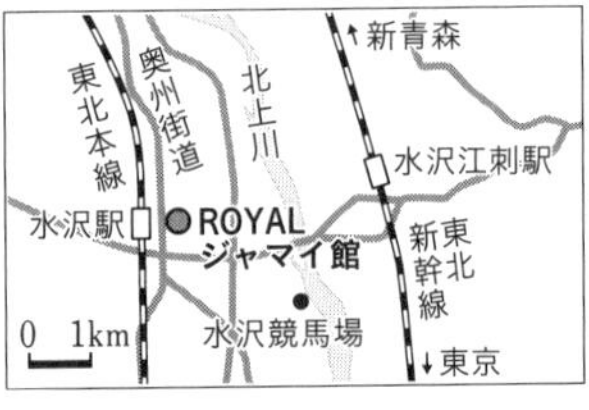

この駅に流れるのは大瀧詠一（１９４８〜２０１３）の代表曲『君は天然色』（作詞：松本隆、作曲：大瀧詠一）。私が訪ねたのはみぞれ交じりの雪が降る２０２２（令和４）

東北新幹線の水沢江刺駅

年12月30日、奇しくも大瀧の命日だった。人もまばらな寒冷地のホームで突然、鮮やかに鳴り響くメロディは、松本隆さんが書いた歌詞のように、モノクロの世界がパッとカラーに切り替わるような印象すらある。この地、岩手県奥州市（旧梁川村、のちの旧江刺市）は大瀧が生まれ、学齢期までを過ごした街だった。

この街では、ご当地の有名人として「大谷翔平か大瀧詠一か」が話題に上る。〝旬の有名人〟はドジャースに移籍し、結婚を発表したメジャーリーガーの大谷選手の方かもしれないが。

奥州市は、２００６（平成18）年に旧水沢市、旧江刺市など5市町村が合併して誕生、大瀧は旧江刺市出身、大谷選手は旧水沢市の出身で、両方の街は車で10分足らずと近い。二人の間に共通項があるとしたら、鈍色の空の下で、ストイックに自分自身と向き合う性格が培われたことだろうか。大瀧は妥協をしない音作りにこだわり、大谷選手は大リーグを目指して鍛錬した。日本ハムファイターズ時代の大谷選手は、「先輩からの遊びの誘いを全て断り、ひたすら大リーグでプレーすることを目標に練習していた」と球団関係者から聞いたことがある。いっぽう大瀧は長嶋茂雄さんのファンで、ラジオ番組のプロ野球解説者として話をしたこともあるほどのプロ野球好きだったともいう。

立役者は2人～ジャマイカ料理店長と「大瀧マニア」の印刷会社経営者

『君は天然色』の駅メロは2020（令和2）年10月1日から流れている。水沢江刺駅の構内には、あわせて大瀧の軌跡を紹介するコーナーが設けられた。年表や作品解説とともに、直筆サインやレコードが展示されている。来訪者向けの雑記帳が置かれ、書き込みを見ると、全国各地から集まったファンが思い思いに書き込んでいる。「大瀧ファン歴28年、メロディを聞いて心が震えました」「明るいメロディと（東北新幹線の）『はやぶさ』が走り出す姿が合っていて感動的」「東北の自然の中で育った大瀧さんが、美しいメロディを作り出してくれたことに改めて感謝です」「企画展もとても充実していて満足です」などなど。

「ROYAL ジャマイ館」の石川悦哉さん

駅メロ実現に奔走したのは、地元住民やファンで構成された「大瀧詠一応援団」。団長は元水沢青年会議所（ＪＣ）理事長で、ジャマイカ料理店「ＲＯＹＡＬジャマイ館」を奥州市内で経営する石川悦哉さんだ。地元を何とか盛り上げたいという石川さんの熱い思いがきっかけになっている。

石川さんがＪＣ理事長を務めていた頃の２００６（平成18）年に奥州市が誕生、まずは駅名を「奥州」駅に変える運動を始めたが、さまざまな事情からとん挫。いっぽうで全国各地の駅メロに憧れていたことから「街おこしの切り札は駅の発車メロディ、それも江刺出身の大瀧さんの曲しかない」と決意、各方面に働きかけを始めた。研究のためＪＲ茅ケ崎駅の『希望の轍（サザンオールスターズ）』ほか、首都圏各駅のメロディを聴きに行く。応援団の中には、選曲では『さらばシベリア鉄道』（作詞：松本隆、作曲：大瀧詠一）など他のヒット曲を推す声もあったが、軽快な曲で、1981（昭和56）年の発表当時から現在までCMにも多く採用され、若者にも浸透しているメロディとして『君は天然色』に決まる。

この行動をサポートしたのが奥州市議で印刷会社経営の高橋晋さんだ。高橋さんは大瀧の熱烈なファンで、学生時代から四十年来、岩手と大瀧の関わりを研究してきた。本人が生前に評判を聞きつけて、会いに来ようとしたほどのマニアでもあり、駅構内に置いた大瀧関連の資料は、ほとんど全てが高橋さんの提供である。

実現に向け、2019（平成31・令和元）年から市内各地で署名運動を開始し、5000筆を集めて奥州市に2020（令和2）年1月に提出。応援の輪は広がり、同年夏には奥州市内の施設で大瀧の七回忌追悼展が開催され、コロナ禍にもかかわらず、期間中に全国から5万人以上の来場者を集めた。こうした実績から最終的にJR東日本も採用を決定。作詞の松本隆さん、大瀧さんの夫人も「大変光栄なこと」と快諾したという。市内の音楽家がメロディをアレンジし、上りはサビ、下りはイントロと分かれている。同年10月1日のセレモニーでは石川さんが一日駅長を務めた。松本さんはその当日、花束を駅に贈り、ツイッターで「空の上の人は聴いているかな」というつぶやきとともに駅メロを紹介した。

弱者を包み込む優しさ～震災で被災した同級生を励ます～

『君は天然色』は１９８１（昭和56）年３月21日発表。大瀧詠一としてのシングル盤と、アルバム『A LONG VACATION』の一曲目に収録された。当時ロート製薬のＣＭソングとして使用されたほか、キリンビバレッジ「生茶」、アサヒビール、スズキ、ダイハツ、直近ではパラマウントベッドなど、企業や業種、時代を超えてＣＭに使われるスタンダードとなっている。

大瀧の音楽活動の始まりは、松本さん、細野晴臣さん、鈴木茂さんと組んだ「はっぴいえんど」にある。１９７０年代前半に活躍した、日本のロック界の草分け的な音楽グループだ。大瀧は次第にソロに軸足を移したが、セールスが伸び悩み、新しいレコード会社に移籍して勝負をかけたアルバムを作ろうとしていた。

大瀧は収録予定曲のメロディを作った後、旧友の松本さんに作詞を依頼した。だが、当時の松本さんは妹を亡くしたばかりで、悲しみから詞を書けるような心境になく、全ての

松本隆さん

仕事を断っていた。そこを大瀧は「書けるまで待つから」と説得した。

大瀧の素顔はひょうきんで明るく、そして優しかった。そのまなざしは、東日本大震災で被災した同級生にも注がれている。

県立釜石南高校（現釜石高校）で同級生だった吉田幾子さんは「音楽のことしか考えていない青年だった」と振り返る。「教室では席が隣同士。休み時間にはビートルズの曲を口ずさみ、鉛筆で机をドラムのようにたたいていた。エルヴィス・プレスリーに憧れて髪形をリーゼントにしたり、裾の広いズボンをはいて教室で踊ったりしていたこともあった。休日には一緒にアユ釣りに出かける仲だった」という。２０１１（平成23）年３月の東日本大震災で吉田さんは津波で自宅を流され夫を失う。真っ先に大瀧が電話をくれ「生きてるか？　俺のＣＤを送るから元気出せよ」と話し、約二週間後、避難先のホテルにアルバムなど約20枚が届いたという（読売新聞、２０２３年12月30日付）。

『風の又三郎』と大瀧詠一

大瀧の大ファンである奥州市議の高橋さんは、自ら運営する「江刺ルネッサンス」という郷土の紹介サイトが縁で、大瀧が亡くなるまでの十年ほど、メールや電話でのやり取りがあった。大瀧は、教員だった母の転勤について転校を繰り返していた。その姿を宮沢賢治の短編小説『風の又三郎』の主人公に重ね合わせ、「又三郎」について様々なことを調べていた。「当時、通っていた市立小学校で、『風の又三郎』の映画を観たこともきっかけになったようです」（高橋さん）。宮沢賢治は岩手県花巻市の出身で、同じ郷土の生まれという親近感もあっただろう。

『又三郎』は過去三回、映画化されている。１９４０年（監督：島耕二）、１９５６年（監督：村山新治）、１９８９年（監督：伊藤俊也）だが、１９５６（昭和31）年の二作目のみソフト化されていない。高橋さんは言う。「大瀧さんは二作目の映画化については知らなかったようで、お伝えしたところ、『CS放送にかけあって放送してもらった』と、録画したＤＶＤを送ってくださいました」。この件で本人の信頼を得て、ある時、大瀧が愛用のキャデラックでふらっと訪ねてきたことがあった。「その時、たまたま私が不在で残念でした」。

大瀧は少年時代、当時のFEN（米軍極東放送）を聞き、海外の音楽に親しんでいたことが才能を育んだと、高橋さんはみる。だが、生前に故郷のことに触れた発言はほとんど残っていない。なぜか。「おそらく1970〜1980年代当時の岩手県のイメージが演歌、それも千昌夫か新沼謙治だったから（笑）。自分の音楽とはジャンルが違い、『一緒にされたくない』という思いが強かったのではないでしょうか。教員で公務員の家庭は、当地では比較的裕福で、子どもの頃からレコードを買い与えられ、音楽の素養が培われたのでしょう」。

『恋するカレン』にかけた「カレーパン」

石川さんは「若い子たちが大瀧さんをほとんど知らなくて」と悔しがる。「でも『君は天然色』のメロディを聞くと『ああ、あのCMの曲』と気が付くようです。もっと知ってほしいですね。何事もあきらめちゃいけない」。少しでも関心を持ってもらいたいと、大瀧詠一で地域を盛り上げようとする企画は綿々と続いている。

経営する『ROYALジャマイ館』では大瀧の代表曲の一つ、『恋するカレン』にかけた「恋するカレーパン」を販売している。毎年のように新作を出し、これまでに「サバカレーパン」、江刺でとれるリンゴを使った「江刺リンゴのカレーパン」が販売された。最新作は、地元のピーマンを使ったカレーパンを検討中。「地域で農業を学ぶ高校生たちと一緒にコラボレーションできたらいいなと企画中です」（石川さん）。

２０２３（令和５）年12月には、大瀧詠一没後10周年として「ＲＯＹＡＬジャマイ館」で追悼イベントが開催され、高橋さんも登壇して、大瀧の音楽を聴いて故人を偲んだ。ＪＲ水沢江刺駅構内の展示は、大瀧のアルバムのリマスター盤発売などのタイミングで随時、高橋さんが所蔵品から入れ替えている。「大瀧さんには、スタジオのあった東京都瑞穂町の印象の方が強いのかもしれない。でも奥州市には『大谷』だけでなく、『大瀧』もいるんだよ、と伝えたい。駅の発車メロディも、僕たちの取り組みを参

恋するカレーパン

水沢江刺駅構内は、ちょっとした“大瀧詠一資料館”である。本人のサインも展示されている

考にしたい、という問い合わせが各地からあります。ぜひ参考にしてほしいです」と石川さん。江刺の夢は、将来の大瀧の歌碑建立や記念館設立までと広がっていく。

東京タワーのように、高くてゆるぎない友情

『君は天然色』を作詞した松本隆さんに、大瀧との思い出を聞いた。

「大瀧とは『はっぴいえんど』のメンバーとして、学生時代からの長い付き合いがあった。駅メロへの採用は「彼のために僕がOKした。彼が亡くなっている以上、決められるのは僕しかい

ない。彼にとっては『故郷に錦を飾る』という感じ」と話す。「実はまだ水沢江刺駅には行けていない。行かなくちゃ」。

先に紹介したように、生前の大瀧は、生まれ故郷についての発言をほとんど残していない。推測するしかないが、もしかしたら地方出身としてのコンプレックスがあったのではないか、と私は思う。「はっぴいえんど」では、松本さんら他のメンバー三人は東京、しかも山手地区の出身だ。高校卒業後に岩手県から上京した大瀧は、都会派のメンバーたちを見て負い目を感じ、自分の故郷に関する発言を自然と避けるようになったのではないか。「彼は秘密主義で、自分のことを喋りたがらなかった。小・中学校、高校時代や家族の話は聞いたことがない。こうして取材を受けるのも『余計なことしやがって』と怒っているかもしれない。『こうしたら喜ぶのでは』と普通に思うことを怒る人だった。それが照れ隠しなのか本心だったのかは今もよく分からない。そうはいっても彼も人間だから。彼のためにできることを僕はしただけ。（駅メロは）喜んでくれていると思う」。

「はっぴいえんど」の曲は、ほぼ松本さんによる詞が先にでき、そこにあとから曲をつけていく形で制作された。イニシアチブを取るのは先に作った方だ。それに大瀧は不満を募らせたのか「松本なんかいらない」と喧嘩別れになり、ソロに比重を移していく。だが、なかなかヒットが出なかった。勝負をかけた新作のため、没交渉になっていた松本さんに作詞を依頼する。メロディが入ったカラオケ状態のテープが「どさっと来ましたね」。曲が先で、そこに詞をつけるという、「はっぴいえんど」時代とは逆のパターンだ。

当時の松本さんは妹を病気で亡くしたばかりで、詞を書ける心境ではなかった。「渋谷の街が本当に真っ白（モノクロ）に見えた。眼医者に行った方が良いのでは、と思ったくらい」のショック状態。「彼に電話して『ほかの作詞家を探してくれない？』と言ったんだけど、『松本じゃないとだめ、できるまで待つ』と凄く強く言われて。それならと半年、待ってもらったかな。発売は一年くらい遅れたはず。よく待ってくれたと思うけど、レコード会社のディレクターが、僕と一緒に太田裕美（「木綿のハンカチーフ」を作詞）さんを担当した人で頑張ってくれた」。

それが『A LONG VACATION』である。真っ先に詞ができたのが『君は天然色』と『カナリア諸島にて』だった。「僕は曲をもらってもイマイチだったらなかなか書けず苦労する。この二曲は書きだしたらバーッと短時間でできた」。『君は天然色』に、「妹の死という、僕のプライベートを彼に押し付ける気はなかった。妹よりも元気な女の子をイメージし、普遍的なラブソングに聞こえるようにした。もし感動してもらえる要素があるのなら、大事な人を亡くした後、という僕の実体験も影響しているかもしれない」。

大瀧との一番の思い出は１９６９（昭和44）年、細野さんと三人で福島から軽井沢、清里と出かけたドライブ旅行だった。運転は松本さんと細野さんが交互に担当した。清里の丘の上で車中泊し、百八十度の視界が広がり、小海線を走る蒸気機関車が見渡せたことが印象に残っているという。

大瀧と松本さんの関係は「けんかしても解散しても、友情はゆるぎないものだった、たとえて言えば東京タワーのような」。高くて固い友情は、大瀧亡き後の今も、続いている。

第6章

ご当地ソングに夢を託す

JR大館駅と『ハチ公物語』　秋田県大館市

ご当地デュオ「ダックスムーン」が歌う、生誕１００周年

生誕１００年の２０２３（令和５）年、大館と渋谷でイベント多数

ハチ公（１９２３〜１９３５）はオスの秋田犬で、主が亡き後も、渋谷駅前で帰りを待ち続けた忠犬ぶりが語り継がれてきた。生誕１００周年の２０２３（令和５）年、生まれ故郷で、秋田県北部に位置する大館市と、生涯を過ごした東京都渋谷区が協力して多くの様々なイベントが行なわれた。同年12月２日には、秋田犬保存会（大館市）が、全国から集めた秋田犬40匹を連れて渋谷の街を練り歩いた。秋田犬は秋田北部の狩猟集団「マタギ」を支えた大型の猟犬で古来、大館で飼育され、１９３１（昭和６）年には国の天然記念物に指定されている。成犬にな

るとオスで体長70㎝、体重60㎏ほどにもなる大型犬。道行く人たちはその大きさに驚き、かつてのハチ公の姿を偲んだだろう。

イベントのメインは、ハチ公の誕生日である11月10日と11日に大館で開催された記念フェスで、その100日前にあたる8月5日と6日には渋谷で、プレイベントが開催された。ご当地グルメの屋台や、関連イベントが企画された中、大館市を拠点に活動するデュオ「ダックスムーン」(Ducks Moon)がステージに上がり、オリジナル曲『ハチ公物語』(作詞：三浦栄一、作曲：木村孝明)を披露して喝采を浴びた。JR大館駅の発車メロディとして親しまれてきた歌である。

「秋田犬の里」での秋田犬

ハチ公が生まれたのは1923(大正12)年11月10日、生後50日の翌年1月に、JR大館駅から列車に乗って東京帝国大学の上野英三郎教授にもらわれていった。上野の大学への通勤に付き添い、渋谷駅に送り迎えもしていたハチ公だったが、1925(大正14)年に上野が急死。その後も渋谷駅で上野を待ち続

ステージでのダックスムーン。三浦栄一さん（左）と木村孝明さん

けた姿が新聞記事で報じられ、一躍有名になった。『ハチ公物語』は、ハチが乗車したのと同じ上りホームで２００７（平成19）年12月から流れている。発案したのは当時の大館駅長、山田隆一さんだった。

「寂れた大館に賑わいを」駅長がご当地デュオをスカウト

山田さんは１９７０（昭和45）年に旧国鉄に入社、初任地が大館から花輪線で二つ先の扇田駅で、休日にはよく大館の商店街に来ていた。２００５（平成17）年に大館駅長に着任。だが35年ぶりに見た大館の街は過疎化が進み、すっかり寂れていると感じたという。「何か賑わいを作れないか」。思案しながら休日に買い物に行ったスーパーで、流れていた叙情的な歌に心を惹かれる。それがダックスムーンの歌『きりたんぽ物語』だった。

「きりたんぽ」は炊き立てのご飯をすりつぶし、串に巻き付けて作る、米どころの秋田ならではの食材で、名産の比内地鶏やセリと煮込んで食べる「きりたんぽ鍋」は、大館が本場とされる郷土料理だ。曲は鍋に恋模様を重ねた内容で、感銘を受けた山田さんは「ぜひこのグループの音楽を大館駅のメロディに使いたい」とダックスムーンに連絡を取る。

ダックスムーンは元小学校長で、現在は秋田大学北秋田分校長を務める作詞・ボーカル担当の三浦栄一さんと、元歯科技工士でウクレレ教室を主宰する作曲・ギター担当の木村孝明さんによるご当地デュオ。ともに大館市出身で高校時代に出会い意気投合。オリジナル曲を作ってはコンテストに出場、全国大会に進み、『愛は勝つ』のミュージシャン、KAN（１９６２～２０２３）が当時、所属していたバンドとグランプリを争い、敗れたものの、実際にスカウトを受けたこともあるという実力派だ。だが、都会で競争するよりは、自分の仕事を持ち「地元で楽しみながら音楽をやりたい」と、１９８２（昭和57）年から大館市を拠点に活動を続ける。バンド名「ダックスムーン（Ducks Moon）」は月夜の夜にアヒルが歌うイメージから名付けた。

大館の「ご当地ソング」を相次いで発表

ダックスムーンは、大館で多くの「ご当地ソング」を生み出してきた。『きりたんぽ物語』は２００４（平成16）年発表で、大館市で毎年秋に開かれる「本場大館きりたんぽまつり」のテーマソングとして制作。現在では大館市内のスーパーのきりたんぽコーナーで、必ずと言っていいほど流れているスタンダードである。２００６（平成18）年には『ハチ公物語』を発表。ピアノのメロディが優しい曲で「ハチ公と上野教授との絆、人を待つ切なさを歌詞に込めました」と三浦さん。

山田さんは二曲とも大館駅で採用したいとダックスムーンに依頼、二人は快諾した。メロディは木村さんがシンセサイザーでアレンジ。「15秒以下との依頼でしたが、イントロやサビの部分を工夫してもどうしても長くなる。20秒にしてもらいました」。

大館駅の駅メロは、ハチ公が東京へ向かう時に使った奥羽本線の上り列車のホームが『ハチ公物語』、下り列車と花輪線が『きりたんぽ物語』となった。一時は全国の駅メロのファンサイトで再生回数が上位に来る人気となる。「駅メロで僕らを知った鉄道ファンが、首都圏など全国から見に来てくれるようになりました」と三浦さん。

活動広がるご当地ソング、森吉町の湖、小坂町のワイン

ダックスムーンの二人は本業の合間に各地でライブ活動を続けてきた。三浦さんが校長を務めていた小学校では、家庭に眠る小型家電をリサイクル用に持参してもらう集いを開催、ダックスムーンが入場無料でライブを行い、多くの地域住民が集まった。毎年２月に大館市で開催される飴《あめ》のお祭り「アメッコ市」には『おこう物語』という曲を提供している。薬の飴を作り続けた少女〝おこう〟を歌った曲だ。ダックスムーンは、大館市内のイベントにひっぱりだこで、ショッピングセンターでのミニイベントや、お祭りイベントでは必ず呼ばれるパフォーマンスの常連でもある。

現在は二人とも還暦を超え、仕事の第一線を退き、以前より時間に余裕ができたことで、より音楽活動の比率を増やしている。ＦＭ秋田では「ダックスムーンのランチde'ポップス」（毎週土曜12時〜12時25分）というレギュラー番組を持つ。活動は大館市以外にも広がった。「世界三大樹氷」の一つで知られる森吉山《もりよしざん》（秋田県北秋田市）の近くにある森吉山ダムの振興のため、四季折々に美しいダム湖を歌った『四季美湖物語』を提供。この曲は第三セクターの秋田内陸線・阿仁前田温泉駅のメロディとして２０２２（令和４）年１月から流れている。２０２３（令和５）年７月には秋田県小坂町で初めて開催された、「日

本山ぶどうワインコンクール」に応援歌『小坂七滝物語〜ワイングランドの香り〜』を提供。小坂町では山ブドウを原材料とするワインを製造しており、同じワインが全国から集まった日本初のコンクールだった。歌詞には「ルージュ色に輝く」といった山ぶどうワインの特徴のほか、小坂町にある芝居小屋「康楽館」や十和田湖などの観光名所も盛り込まれた。

結成40周年、〝渋谷駅のメロディにしてもらえたら嬉しい〟

ＪＲ大館駅前には２０１９（令和元）年にオープンした観光交流施設「秋田犬の里」がある。１９２０年代の大正時代の渋谷駅をモデルとした建物で、秋田犬とのふれあい所や観光物産館が設けられている。正面にはハチ公の像。渋谷のハチ公像と同じ原型で初代は１９３５（昭和10）年建立、１９４５（昭和20）年に太平洋戦争の金属回収令で撤去されたのち、大館市観光協会の募金活動で１９８７（昭和62）年に再建された。

この庭には、奇しくも渋谷駅のハチ公前広場にあった旧東急電鉄の車両〝青ガエル〟が、渋谷駅の再開発に伴い、２０２１（令和３）年に移設された。１９５４（昭和29）年から１９８６（昭和61）年の間に実際に運行していた車両で、一両が２００６（平成18）

大館駅前にある「秋田犬の里」

年に渋谷区へ譲渡され、観光案内所として渋谷駅前のハチ公前広場で活用されていた鉄道車両である。渋谷区の喧騒の中からのんびりした大館の自然の中へ、〝青ガエル〟はのびのび余生を過ごしているように見える。私が訪ねた２０２３（令和５）年9月には、社会科見学の小学生たちで賑わっていた。

ＪＲ大館駅は２０２３（令和５）年秋にリニューアル工事が完成、大館市が産地の一つでもある秋田杉をイメージした木目調の駅舎で、建物の横には秋田犬の群像の銅像が控えている。ダックスムーンは『ハチ公物語』を、生誕１００周年の２０２３（令和５）年には各種イベントで「53回歌った」（三浦さん）といい、二人は「渋谷駅のメロディにもしても

通称“青ガエル”と呼ばれた東急5000系

られれば嬉しい」と願う。

活動開始から四十年余り、ダックスムーンは２０２３（令和５）年11月、コロナ禍で一年遅れとなった「40周年記念コンサート」を大館市内で開催。あわせて、これまで出した約２００曲から30曲を厳選したＣＤ２枚組のベストアルバムを発表した。『ハチ公物語』ももちろん収録されている。

地域に暮らし、事情をよく知る二人だからこそ書ける、郷愁を誘う歌は、説得力を持って、人々の心に響いてくる。『ハチ公物語』は、渋谷駅を通る人々の胸にも響くはずだ。上質な音楽は、地方からも生まれている。まだ夢物語かもしれないが、渋谷駅での駅メロへの採用が、そんなことに気付くきっかけになってほしいと願う。

西武池袋線大泉学園駅と『銀河鉄道999』　東京都練馬区

「アニメ発祥の街」を奏でる旅立ちと地域おこしのメロディ

「懐メロ」がEXILEのカバーで復活

2019（令和元）年初夏、久しぶりに乗車した山陽新幹線で、降りた広島駅のホームで聞こえてきたのは『銀河鉄道999』（作詞：奈良橋洋子・山川啓介、作曲：タケカワユキヒデ）であった。「ゴダイゴの歌がなぜここで?」と思ったら、JR西日本が新神戸、岡山、広島、小倉、博多の五駅で2016（平成28）年3月から採用していた。「旅立ちのメロディ」のイメージ、という理由だそうだ。1979（昭和54）年に公開された松本零士（1938〜2023）原作のアニメ映画の主題歌で、謎の美女メーテルと少年・星野鉄郎が永遠の命を求めて宇宙を鉄道でめぐる、少年が大人になって

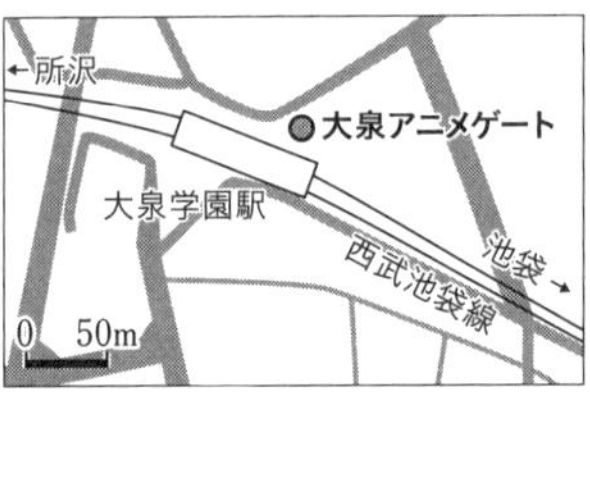

いく物語でもあった。歌は映画とともに大ヒット。当時のランキング番組『ザ・ベストテン』で一位を連続で獲得し、映画も1979（昭和54）年の邦画の興行収入1位を記録、アニメ映画にまだ子ども向けのイメージが強かった時代に高い評価を受けた作品だ。

調べてみると、駅のメロディとしては、実は西武池袋線大泉学園駅が先であった。採用は2009（平成21）年3月から。アニメ映画『銀河鉄道999』を制作した東映動画（現在の東映アニメーション）のスタジオが大泉学園にあり、原作者の松本零士も大泉学園在住だったという縁があった。音源を制作したのはゴダイゴのメンバーで、作曲とボーカルを担当したタケカワユキヒデさんだった。

「お話をいただいた当時は、まだポップスを駅のメロディに使っている例が少なくて、参考に出来る音源がなく、長さとかどうしたらいいのか分からなくて、試行錯誤しながら作りました。何種類か作って出したうちから選んでもらいました。やはり駅で流れているのを聞くのは嬉しいですね」と話す。

『銀河鉄道999』が発車メロディに使われるほどのスタンダード曲になったのは、EXILEが2008（平成20）年にカバーしてテレビCMで使われ、リバイバルヒットしたことが追い風になっている。

「一気に『ガンダーラ』を抜いて僕らの最大のヒット曲となりました。今やコンサートではアンコールの定番です。それまでは中盤で歌うか、もしくは歌わない、なんてこともあったのですが」とタケカワさん。2023(令和5)年11月に東京・六本木のライブハウス「ビルボード東京」で行なわれたライブのアンコールはこの曲で、ソールドアウト満員御礼の場内は大盛り上がりとなった。

タケカワユキヒデさん
写真：事務所提供

「ジャパン・アニメーション」発祥の練馬、「アニメの聖地」の大泉学園

大泉学園のある練馬区は「ジャパン・アニメーション発祥の地」とされる。日本で最初に作られた劇場用カラー長編アニメーション『白蛇伝』（１９５８）は、大泉学園にスタジオを持つ現在の東映アニメーションが手掛けていた。また、手塚治虫（１９２８〜１９８９）が設立したアニメーション専門の「虫プロダクション」も練馬区に置かれ、テレビアニメ『鉄腕アトム』（１９６３）を制作した。今も約百社のアニメ制作関連会社が所在する、日本有数の集積地だ。

戦前の大泉は映画産業の街で、映画会社の新興キネマが大泉学園に撮影所を設けていた。都心から離れ、撮影所用の広大な土地があったためだが戦局の悪化で閉鎖。戦後の１９５６（昭和31）年に東映がアニメスタジオを大泉学園に設置し、アニメ制作が本格的にスタートした。

東映は現存する日本最古のアニメーショ

大泉学園駅改札口

ン会社で、そんな縁から大泉学園は「アニメの聖地」となり、アニメによる地域活性化の拠点となっている。

多くのファンが集うのが、大泉学園駅北口の歩行者通路に設けられた「大泉アニメゲート」である。練馬区のアニメーションの歴史を紹介する展示のほか、フィルム型のゲートが三つあり、誰もが知るキャラクターの等身大のブロンズ像が並ぶ。『銀河鉄道999』のメーテルと鉄郎、『鉄腕アトム』のアトム、『あしたのジョー』の矢吹丈、『うる星やつら』のラム。

松本零士と手塚治虫は先に述べた通り練馬区に縁が深い。『あしたのジョー』原作者の高森朝雄と作画のちばてつや、『うる星やつら』作者の高橋留美子も、実はいずれも練馬区に長く住んでいた。練馬区に多く

メーテルと鉄郎の銅像も迎えてくれる

「大泉アニメゲート」の「ジャパン・アニメーション発祥の地」のレリーフ

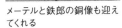

の漫画家が住んだ理由は、アニメの集積地だったことに加え、東京郊外の閑静な住宅地で作業に集中しやすいこと、出版社のある都心まで交通の便が良いなど諸説あるようだ。

松本零士と大泉学園の縁

「大泉アニメゲート」は２０１５（平成27）年４月に開設された。式典で松本零士は「このキャラクターたちは大泉で生まれました。私はこの大泉が終の棲家だと思っています。不思議な縁で結ばれてここにいます。私があっち（天国）に行っても、このモニュメントは残る。とてもうれしいことです」と挨拶している（練馬アニメーションサイト「アニメニュース」２０１５年5月14日付から）。２０２３（令和５）年２月に松本が死去した際には、アニメゲートに多くの献花があったという。

駅周辺には他にも『銀河鉄道９９９』関連のモニュメントがある。駅構内には「アニメのまち練馬区　日本アニメ発祥の地　大泉へようこそ」と銘打ったメーテルのペナント三枚が飾られている。構内のコーヒーショップは「９９９」の車両を模した形をしており、あの〝車掌さん〟が、名誉駅長として前に佇んでいる。西武鉄道のイベントの際には〝出張〟もするらしい。駅の外には「夢・希望に乗って走る大泉学園駅」の言葉とともに

「999」の車両とメーテル、鉄郎が描かれた長い壁画がある。その先に続くのが「ゆめーてる商店街」で、「夢」とメーテルを掛け合わせて2006(平成18)年に松本が命名した。本人が大泉学園を愛し、「999」を大切にしていたことが偲ばれる。

東映動画の意地を見せた「銀河鉄道999」～〝新しいアニメを作りたい〟～

『銀河鉄道999』は、1977(昭和52)年から1981(昭和56)年まで週刊漫画誌『少年キング』に連載された。「999」とは「1000になると完成した大人、だから999は青春の終わりだ」と松本は著書『松本零士　創作ノート』(2013　KKベストセラーズ)で書いている。

機械伯爵に母を殺された鉄郎が、永遠の命を求め、

駅構内のコーヒーショップと「車掌さん」

「大泉アニメゲート」にある松本零士のサイン入りレリーフ

機械の体を得ようと、母そっくりの謎の美女メーテルと一緒に宇宙へ旅立つ。宮沢賢治の『銀河鉄道の夜』の「星めぐり」を思わせる展開で、１９７８（昭和53）年から１９８１（昭和56）年までは、フジテレビ系で東映動画（現東映アニメーション）が制作したアニメ版が放送された。

続いて東映動画による映画版の企画が持ち上がる。１９７０年代後半は『未知との遭遇』『スター・ウォーズ』など米国の実写版のＳＦ大作映画が続々と日本公開され、映画界には「宇宙ブーム」が来ていた。「まだアニメの地位が映画界では低い時代で、社内は『新しい作品を作ろう』という高揚感に溢れていました」と、東映アニメーション顧問の清水慎治氏は振り返る。

映画化にあたり、子どもだけではなく、大人にも見てもらえる作品にしたいと、プロデューサーの高見義雄（故人）は鉄郎の年齢を原作より上の15歳に引き上げた。「アニメーションが子どものものだけではない、本格的な映画を作りたいという事が僕らの願いでした。だから主題歌を含め、全てテレビとは一新した取り組みをしたんです」とのちに語っている（『そして音楽が始まる―名曲に隠された感動のドキュメント』２００３　マーブルトロン）。

「英語で歌う新しいバンドに新しい音楽を」～ゴダイゴに主題歌を依頼

高見が主題歌を打診したのが当時、大ブレイクしていたゴダイゴだった。『ガンダーラ』『モンキー・マジック』などのヒットを次々と出し、波に乗っていた人気絶頂のロックバンドだ。コンサートに足を運んだ高見さんは、子どもから大人まで集まる熱気を感じ、英語で歌う様子に「彼らには新しい音楽への期待がある」と依頼を決めた（同書）。

当時のゴダイゴは超多忙の売れっ子で、主題歌を打診されたのは1979（昭和54）年4月から始まる全国ツアーの直前の時期だった。映画公開は同年8月に決まっており、逆算すると3月中に仕上げねばならない。時間が少ない中、それでも「僕らにしかできないポップソングを作ろう」（タケカワさん）と引き受けた。コンビを組んでいた作詞家、奈良橋陽子さんの詞が、作曲とボーカル担当のタケカワさんに届いたのは深夜12時、締め切りは翌日の正午と、作曲できる時間は正味12時間しかなかった。

奈良橋さんは、鉄郎が、空に昇っていく「999」を見上げるラストシーンの絵コンテをもとに、飛び立つイメージの英語詞を書いていた。キーワードは「Journey」。この詞をもとにタケカワさんは最初のメロディを思いつく。出来た途端「勝った。これはいい曲になる」と直感したとか。「最初に分かりやすいメロディがあるのがゴダイゴ流。それまでのヒットに匹敵する曲を提供しないと、苦労が水の泡になる。プレッシャーはありましたが、時間がなかったので感じなくて済みました」（タケカワさん）。

原曲はややスローなテンポだったというが、アレンジを担当するリーダーのミッキー吉野さんが引き取り、躍動感のあふれたイントロをつけ、テンポを速めて完成した。

それでも音楽は続いていく

主題歌は映画のラストシーンで「さらば銀河鉄道９９９、さらばメーテル、さらば少年の日よ」という、松本零士が書いたモノローグと重なり流れてくる。漫画家を夢見て、18歳で故郷の小倉から夜行列車で上京した松本の、旅立ちの記憶が刻まれたフレーズでもあった。きっと、鉄郎は松本本人だったのだろう。長く住んだ大泉学園で、松本が『銀河鉄道９９９』を活用した地域支援を行なってきたのも、自分自身を投影した、ひときわ思い入れの深い作品だったからかもしれない。

映画は大ヒット。公開初日には東京都心の映画館を早朝から長蛇の列が取り囲み、初回を繰り上げて上映したほどの人気を集めた。アニメやＳＦ映画のファンに加え、鉄道マニアも惹きつけたことがヒットの要因とも言われ、１９７９（昭和54）年の邦画興行収入

駅の外にある『銀河鉄道９９９』の壁画

の1位となる。

「映画も主題歌も大傑作。当時ＣＧ（コンピューター・グラフィックス）を使わずにあの映像を作ったのは我々の誇り」と東映アニメーションの清水さんは振り返る。「作品は時代が作るもの。地球温暖化や米中対立など現代の課題を、宇宙のファンタジーに組み込むような新作を松本零士さんが書いてくれれば、続編に挑戦できるかもしれない。ネットフリックスやアマゾンプライムが1クール分作ってくれる。という条件なら挑戦できるかな」（清水さん）。そんな思いが関係者の間にはあったが、松本の死去で叶わない夢となった。

それでも音楽は続いていく。

１９７０年代後半、ゴダイゴの全盛時代にファンになった小学生の私にとって、この歌はのちにビートルズを知り、洋楽ファンとなる入り口になった曲だった。ドーナツ盤のＢ面は『Taking Off』という、同じ映画の挿入歌で旅立ちの歌であった。そして、アニメの街を励ます歌としても、記憶に刻まれていくのだろう。

JR赤羽駅と『俺たちの明日』『今宵の月のように』 東京都北区

花火大会から野外ライブを夢見る発車メロディ

誰もを受け入れる寛容な街、心癒すエレカシのメロディ

JR赤羽駅東口に降りると、バスターミナルの屋根の上に「AKABANE」の赤いネオンが光っていた。駅前にはレトロな昭和感も漂う赤羽は、荒川河川敷に近いターミナル駅で、周辺には大型商業施設から商店街、歴史を刻んだ個人商店、居酒屋、はては風俗エリアまで「何でもアリ」的な街並みが広がる。商店街にはアート作品も配置され、〝よそ者〟の私が歩いてみても、不思議と居心地は悪くない。誰をも寛容に受け入れる、「『猥雑なごちゃごちゃ感』が赤羽の魅力」と東京北区観光協会事務局長の杉山徳卓さんは言う。全て

を受け入れ、包み込んでくれる優しさは、エレファントカシマシ（通称エレカシ）の音楽にも通じるだろうか。

ほぼ全ての歌の作詞・作曲とボーカルを担当する宮本浩次さん始め、メンバー三人が赤羽の出身。２０１８（平成30）年11月から宇都宮線・高崎線・湘南新宿ラインのホームで二つの代表曲が流れている。池袋・東京方面に向かうホームでは『俺たちの明日』で２００７（平成19）年発表。がんばろう、と自分と仲間を鼓舞するように始まる歌詞は、不器用でも生きていこうという内容で、都心に向かうビジネスパーソンを励まして送りだそうというメッセージが込められている。「俺たちがやってきた音楽や、人生観とか、姿勢とか、そういうものが凝縮された」「二つの総決算だった」（『俺たちの明日 下巻－エレファントカシマシの軌跡』２０１７ ロッキング・オン）とのちに宮本さんは語っている。２０２３（令和５）年12月末の紅白歌合戦でも披露された。

高崎・宇都宮方面に向かうホームでは『今宵の月のよう

JR赤羽駅前

に』で、１９９７（平成９）年発表。ドラマの主題歌として制作され、どんなに辛いことがあっても、再び今日の月のように輝ける日は来る、という内容で、都会での仕事に疲れて家路に急ぐ人々を、横からそっと励ます選曲だ。２０１７（平成29）年12月末、エレカシが紅白歌合戦に初出場した際に披露したヒット曲でもある。二曲とも発表当時は「エレカシを等身大に表現した歌」と評され、多くのファンの支持を得た。メロディを流すにあたっては、赤羽駅では比較的、発着本数の少ない湘南新宿ラインなど三つのホームが選ばれた。京浜東北線では、電車の発着が頻繁過ぎて流せるメロディが短くなってしまい、曲の良さが堪能できない、という理由だった。ホームに立つと、そんな曲のエッセンスが詰め込まれたメロディを、じっくり味わうことができる。

きっかけは花火大会と、幻の「30周年記念、荒川河川敷ライブ」

バンドとしてのエレカシは１９８８（昭和63）年にデビュー。当時バンドの追っかけをしていた同級生があり、彼女の話を聞く限りでは、どこかとんがった、インディーズ系パンクバンドのような印象があった。まだメジャーではない時代、渋谷のライブハウス前で機材を自分たちで運搬するメンバーたちをファンが取り巻いていたという。宮本さんは、

1960～70年代にかけて活躍した米ロックバンド、ドアーズのボーカリストで早逝したジム・モリソン（1943～1971）が好きだと発言しており、それに重なるような印象もあった。そんなイメージにちょっとローカルな「赤羽」はそぐわないと考えたのか、エレカシが赤羽出身であることは、ファンの間では知られていたにせよ、積極的にバンド側から発信されていたふしはなかったように思う。

こうしたエレカシのイメージ戦略に、変化の兆しが見えたのは、デビュー30周年を控えた2017（平成29）年12月。「紅白歌合戦に出場した前後ではなかったかと思います」と東京北区観光協会の杉山さんは推測する。翌年の2018（平成30）年3月のデビュー30周年を記念して、「荒川河川敷で野外コンサートができるかどうか、調べてほしい」といっ

北区花火会

た打診が同観光協会にあったのだ。動員目標数は約1万5000人、実現すればもちろん、荒川河川敷では初めての大型野外ライブとなるはずだった。

荒川河川敷では、埼玉県内や足立区など複数の地域で花火大会が開催されてきた。東京北区観光協会では、2012（平成24）年から荒川河川敷で「北区花火会」を運営しており、最初は民間有志の働きかけで始まった経緯がある。民間団体として、河川敷での安全確保をはじめ、管理者である国土交通省と緻密な交渉を重ねてきたノウハウを観光協会では持っている。そのノウハウを、コンサートの企画運営に生かしてもらえないか、といった打診だったという。

観光協会では、例年の花火実行委員会を〝エレカシライブ実行委員会〟に衣替えし、水面下で関係先との交渉と準備を始めた。実現寸前まで進んだが、デビュー30周年までの開催には間に合わず、結局はとん挫する。

「誇らしく、うれしく、あったかい気持ち」

「その代わりに何かしなければ、と考えたのが駅のメロディでした。赤羽はエレカシのファンには『聖地』とされています。僕らの世代でも自分が、兄妹が、もしくは友人がメンバーと同級生だったとか、あえて口には出さないけど誇りに思う気持ちがある。でも地元の人たちは、実際あまり知らないんです。エレカシを赤羽の地元コンテンツとして盛り上げたいという期待がありました」と杉山さんは振り返る。

観光協会では、駅メロ用にエレカシの曲の中でも特にヒットした『俺たちの明日』『今宵の月のように』を選び、所属事務所に打診、快諾を得てJR東日本と交渉に入る。「コンサート企画の断念から半年あまりで実現させました。スピードは早かった」（杉山さん）。

宣伝にあたっては、エレカシの写真を使うと費用がかかってしまうため、赤羽在住の漫画家、清野とおるさんにメンバー四人のイラストを描いてもらった。清野さんは赤羽を舞台にしたヒット作『東京都北区赤羽』を持つ。JR赤羽駅西口にたたずむメンバー四人と、満月の

清野とおるさん画のエレカシポスターは、今も赤羽の街角に掲示されている

夜の河川敷で水門を眺める宮本さんの後ろ姿を描いた二種類を手掛けた。清野さんはX（旧ツイッター）で「エレカシだぁ〜い好きなので、背景もカラーも心を込めて一人で描きました。狂いそうになりました」（２０１８年11月８日）と、楽しみながら描いたことをつぶやいている。イラストは、駅のメロディ開始にあたって横断幕やステッカーにも使われ赤羽を盛り上げた。

　宮本さんは発車メロディを誇りに感じているようだ。「ぼくは赤羽に行くといつだってほっとします。それは、赤羽はぼくの故郷《ふるさと》だからです。そんな故郷、赤羽駅の発車メロディにぼくらの曲が使われる、これはもう信じられないような、でも、誇らしく、うれしくなんかとてもあったかい気持ちになります。本当にありがとうございます」とコメントを出した（『オリコン・ニュース』２０１８年11月８日付）。

　東京北区観光協会では、エレカシの荒川河川敷でのライブを「いつか必ず実現させる」ことを目標としている。その〝前哨戦〟という願いを込めた北区花火会が２０２２（令和

エレカシのメンバーがかつて通った練習場、現在は音楽教室

４）年10月22日、コロナ禍を経て３年ぶりに開催され、エレカシの音楽をバックに大きな花火が打ち上げられ、ひときわ大きな歓声を集めた。「宮本さんはじめメンバーの皆さんに、赤羽の観光大使になってもらえたら」（杉山さん）と夢は膨らむ。

その期待を込めてか、デビュー前のメンバーが練習していたという音楽教室では、メンバーの直筆サインが並んでいる。清野さんのポスターも、今も赤羽駅のそばや、街のそこかしこで目にすることができる。

カバーアルバム『ROMANCE』の昭和歌謡と赤羽

宮本さんは近年、ソロ活動の比重を増やしており、２０２０（令和２）年11月には歌謡曲をカバーしたアルバム『ROMANCE』を発表、オリコンＣＤチャートで一位を獲得した。女性ボーカルの曲が中心で、松田聖子や松任谷由実のヒット曲から、『喝采』（ちあきなおみ）、『ジョニィへの伝言』（ペドロ＆カプリシャス）、『二人でお酒を』（梓みちよ）、『あなた』（小坂明子）など往年の昭和歌謡が並ぶ。少年時代にＮＨＫ東京児童合唱団に通い、ソロを歌った経験もある。

宮本さんはこのアルバムにある〝昭和の匂い〟と、赤羽について語っている。

「私の好きな〝昭和の匂い〟というのがありまして」「当時（1960年代後半から1980年代）の赤羽の町は、朝起きると黄色い霧が立っていて。これは自然の霧ではなく、光化学スモッグという公害なんです。あたりには工場の機械の臭いがして、どこかからカーンカーンという重機で作業する音が聞こえていました」「NHK東京児童合唱団には、国鉄赤羽線（現JR埼京線）と山手線を乗り継いで、渋谷まで通っていました。渋谷もいまのようにおしゃれではなく、商店やパチンコ屋さんがあってね」「今回カバーした曲は、私が歩いてきた東京の空気そのものを表現しています。すでに歴史の一ページになってしまっている、時代の匂い、郷愁…すべてを含む、私が愛している曲を選んでいます」（『Domani』2020年11月19日付け）。

宮本さんの音楽の原点は、赤羽で暮らした子ども時代に聴いた昭和歌謡だったという。

「ラジオのベストテン番組なんですよ。松田聖子がいた、沢田研二がいた、ピンク・レディー、キャンディーズ、梓みちよも、ちあきなおみもいた。もう百花繚乱、日本のパワーそのもの」「私が生まれたの（注：1966－昭和41年）、戦後たったの二十年ですよ。戦後二十年の間に高度経済成長になった。日本のエネルギー。あの頃の歌謡界のすごさは、日本のパワーそのものだったと思うんだよ」（『宮本浩次』2021 ロッキング・オン）。

宮本さんはこのカバーアルバムを中心に昭和歌謡を歌うソロコンサート「ロマンスの夜」を定期的に開催している。私は、そこに足を運んでみた。２０２３（令和５）年11月、東京国際フォーラム二日間のライブは即完売、キャンセル待ちのチケットをやっと入手できての参戦だ。昔よく聞いたヒット曲が、違った魅力で心に染みてくる。宮本さんが少年時代に見ていた昭和の風景、「何でもあり」の赤羽の猥雑さは、プロデュースを担当した小林武史氏の力で洗練されたようにも見えたが、どこか懐かしい響きのあるコンサートだった。

終演後、あたりを見渡すと、白髪交じりの年配層がかなり多かったのに気が付いた。70－80歳代も目立ったろうか。従来のエレカシのファン層よりは明らかに上の年齢層で、昭和歌謡全盛を知る世代なのだろう。ロビーのＣＤ売り場で、70歳代とおぼしき女性が、娘らしき女性に「これＣＤだよ、聴き方分かる?」と諭されている姿を見かけた。何かのきっかけで宮本さんが歌う昭和歌謡に気が付き、初めてコンサートに来て、初めてＣＤを購入したのだろうか。

宮本さんの歌には人生の酸いも甘いも、全てを包みこむ優しさがあるように思えた。それは誰をも、どんなものをも受け入れる、赤羽の包容力と同じではないか、そんな余韻が残った心地よい夜だった。

エピローグ

駅メロには多くの人たちの想いがこもっており、時代とともに進化している。

ＪＲ神田駅では、２０２３（令和５）年11月から山手線ホームで「お口くちゅくちゅモンダミン」で知られる口腔内の洗浄液のＣＭソングが駅メロになった。神田に本社を持つ製造元のアース製薬からの申し出によるもので、副駅名は「アース製薬前」、東口が「モンダミン口」になるなど、駅がまるごと広告宣伝に活用されている。企業とのタイアップでは、ＪＲ新橋駅でサントリーが「ウイスキーが、お好きでしょ」（作詞：田口俊、作曲：杉真理）を期間限定で流したなどいくつかの例があったが、アース製薬は２０２８（令和10）年までの５年間の契約で、ここまで徹底したＰＲ活用はあまり聞かない。

企業タイアップが〝アリ〟ならば、大学とのタイアップも〝アリ〟だろうか。例えば早稲田駅（東京メトロ東西線）では、早稲田大学がお金を出して〝都の西北〟を流してほしいような気もする。そんな駅メロの広告宣伝活用が今後は増えていくのかもしれない。「モンダミン」をＪＲ神田駅で実際に聴いてみると、風景に馴染んでいるように思えた。

地域における駅メロの導入では、地域の風景に溶け込んでいるかどうかも問われる。そして今後、検討課題になるのはコロナ禍が明け、急増している外国人旅行者（インバウンド）への訴求ではないだろうか。

例えば川崎駅の『上を向いて歩こう』は『SUKIYAKI』のタイトルで１９６３（昭和38）年に全米ヒットチャートで一位を記録、海外でも多くのカバー曲があり、もっと知られてよい駅メロである。川崎駅周辺に、坂本九の音楽資料館でもあるならば、もしかしたら足を運んでくれるだろうか。

また本書では取り上げられなかったが、多くの外国人旅行者が富士山を目当てに乗車する富士急行の下吉田駅（山梨県富士吉田市）では、音楽グループ「フジファブリック」のヒット曲『若者のすべて』『茜色の夕日』が流れている。地元出身で早逝したリーダー、志村正彦（１９８０～２００９）を偲び同社社員が発案したもので、ホームには歌詞や彼の功績を複数の言語で紹介するパネルも設置されている。だが外国人観光客は、至近距離で見える富士山の撮影に忙しく、私が訪ねた際、歌に耳を傾けているようには見えず、残念であった。

インバウンドを考えると、期待したいのはＪＲ軽井沢駅である。軽井沢といえば、元ビートルズのジョン・レノン（1940～1980）が妻のオノ・ヨーコさんの実家の別荘がある縁で1970年代に息子のショーンさんと何度か長期滞在していた。一家が利用したホテルや喫茶店には、今も熱心なファンが聖地巡礼で訪ねている。となれば駅メロにふさわしいのは『IMAGINE』であろう。ジョンとヨーコの共作で、平和のメッセージソングとして世界中で歌い継がれている名曲だ。伝統ある避暑地の軽井沢には近年、多くの企業人や有識者らが相次いで別荘を構え、成功した起業家たちも参加する、東京とは違ったビジネスコミュニティが築かれていると聞く。そんな中から実現に向けた動きが出るなら面白そうだ。

本書で取り上げられず、もっと深掘りしたい駅メロは、まだまだ全国にたくさんある。JRはこれまで、地域の盛り上がりを受けて導入にゴーサインを出すケースが多かったが、北陸新幹線は2024（令和6）年3月に開業した延伸区間で最初から駅メロを導入、沿線自治体との協議により、松任谷由実さんや葉加瀬太郎さんのオリジナル曲が使われる。いっぽう民間の鉄道会社では、自ら地域を盛り上げるために選曲しているケースが目立つ。東京メトロでは神田駅『お祭りマンボ』、銀座駅『銀座カンカン娘』（銀座線）、九段下駅『大きな玉ねぎの下で』など。京浜急行では横浜駅『ブルーライト・ヨコハマ』、横須賀中央駅『横須賀ストーリー』などはご当地そのものの選曲だ。これらの曲とその街には、きっと様々な物語があるに違いない。

また話はそれるかもしれないが、ＪＲ東日本は富士通などと組んで、ＪＲ上野駅ホームの自販機上に画面を設置し、流れるアナウンスや電車の発着音を文字や手話、オノマトペで表現する「エキマトペ」の実証実験を２０２２（令和４）年に行なっていた。聾学校の生徒たちとの開発という。できれば駅のメロディも、この仕組みを使って、聴覚障碍者の方たちに楽しんでもらえないだろうか。そんな進化した未来も考えてみたい。

今回の企画にあたっては「ご当地駅メロディー資料館」(http://7-pref.com/gotochi.htm) というサイトを大いに参考にさせてもらった。サイト管理人の「たかちん」さんが、休暇を使って自ら全国の駅のメロディを聴きに歩き、各種資料を調べて情報を更新し続けている個人サイトだ。現地の風景付き音源も、こちらのサイトでは聞くことができるので、関心のある方はぜひ訪問してほしい。実際にお会いした「たかちん」さんは、実直な鉄道マンだった。こんな方たちのおかげで、鉄道の安全は支えられていると実感した。

本書の執筆は、ＪＲ東日本、ＪＲ西日本、ＪＲ九州の各支社、東京メトロ、秋田内陸線、西武鉄道、京浜急行など多くの鉄道各社のご支援、ご協力で実現した。加えて多くの地域の皆様ほか関係先、アーティストの皆様に話を聞かせていただき深謝を申し上げたい。実は私の現在の本業は、外資系企業でのメディアコンサルティングであり、執筆と大学研究員としての仕事は週末のみであるため、本書の作業が想定よりかなり遅れてしまった。そんな私の企画を理解し、引き受けてくださった交通新聞社の担当の太田浩道さん、執筆を内諾してくれた現在の勤務先、そして新聞記者時代から変わらずに執筆を応援してくれた多くの友人たちに感謝を伝えたい。

先にも触れた通り、全国にはまだまだ魅力的な駅のメロディがあり、今後も地域おこしのために増えるのは確実である。本書の第二弾、第三弾が実現するよう願ってやまない。

2024（令和6）年3月　藤澤志穂子

■参考文献

ＪＲ呉駅

・『歌謡曲の時代 歌もよう人もよう』（阿久悠、新潮社、２００４）
・『若いってすばらしい 夢は両手にいっぱい　宮川泰の音楽物語』（宮川泰、産経新聞出版、２００７）

ＪＲ目白駅

・『目白地域・まちづくりフォーラム第５回　目白まちづくり活動の記録と報告』（目白まちづくり倶楽部、２０１９）

ＪＲ茅ケ崎駅

・『MY LITTLE HOMETOWN 茅ヶ崎音楽物語』（宮治淳一、ポプラ社、２０１７）

ＪＲ川崎駅

・『坂本九　上を向いて歩こう　人間の記録１４１』（マナセプロダクション編、日本図書センター、２００１）
・『星空の旅人　坂本九』（坂本照明、文星出版、２００３）
・『星を見上げて歩き続けて』（柏木由紀子、光文社、２０２１）
・『見上げてごらん夜の星を　音楽プロデューサー草野浩二伝』（草野浩二、シンコーミュージック・エンタテイメント、２０２３）

ＪＲ桃谷駅

・『ほろ酔いで夢みれば』（河島英五、栄光出版社、１９９４）

ＪＲ福島駅

・『鐘よ鳴り響け　古関裕而自伝』（集英社文庫、２０１９）
・『君はるか　古関裕而と金子の恋』（集英社インターナショナル、２０２０）

ＪＲ津久見駅

・『ヤング・ギター・クロニクル　Vol2 かぐや姫　青春という夢・恋・歌』（シンコーミュージック・エンタテイメント、２００７）

ＪＲ水沢江刺駅

・『PEN』２０２１年４月１日号、完全保存版「大瀧詠一に恋をして」（ＣＣＣメディアハウス）

西武鉄道大泉学園駅

・『松本零士　創作ノート』（ＫＫベストセラーズ、２０１３）
・『そして音楽が始まる 名曲に隠された感動のドキュメント』（マーブルトロン、２００３）

JR赤羽駅
・『俺たちの明日　下巻―エレファントカシマシの軌跡』（宮本浩次、ロッキング・オン、2017）
・『宮本浩次』（ロッキング・オン、2021）

■元記事一覧

第1章　駅メロのサクセスストーリー

JR仙台駅と『青葉城恋唄』
【元記事】情景浮かぶ「楽都」の礎　（産経新聞　2018年12月30日）
「青葉城恋唄」から始まった　（観光経済新聞　2022年10月4日）
花束に「宗さん」の温かさ（観光経済新聞　2024年1月25日）

第2章　きっかけは市民提案

JR豊後竹田駅と『荒城の月』
滝廉太郎とキリシタン文化の町を奏でる、日本最古の駅メロ
【元記事】荒城の月と隠れキリシタン（観光経済新聞　2023年5月23日）
隠れキリシタン伝説とサンチャゴの鐘（観光経済新聞　2024年2月22日）

JR呉駅と『宇宙戦艦ヤマト』
市民提案から実現、「戦艦大和」の街で響く平和の願い
【元記事】コラボのきっかけは市民提案　（朝日新聞AERA.dot　2021年10月17日）

ＪＲ横手駅と『青い山脈』

石坂洋次郎への思いとエレクトーンで奏でた中学生の希望

【元記事】吉永小百合が語る、石坂文学の普遍性　（産経新聞　２０１９年1月26日）

小百合さんと少年つなぐ「青い山脈」　（観光経済新聞　２０２３年2月21日）

秋田内陸線米内沢駅と『浜辺の歌』

かつて鉱山で栄えた街は、成田為三で「音楽と笑顔の駅」に

【元記事】童謡１００周年、秋田と湘南つなぐ　（産経新聞　２０１８年11月14日）

人々をつなぐ「浜辺の歌」　（観光経済新聞　２０２２年11月24日）

ＪＲ目白駅と『赤い鳥小鳥』

大正デモクラシーを今に伝える自由闊達な街とメロディ

【元記事】「銀鈴の塔」が奏でる「赤い鳥小鳥」（観光経済新聞　２０２３年8月25日）

第3章　音楽を活用する街おこし

ＪＲ茅ケ崎駅と『希望の轍』『海その愛』

湘南サウンドが生まれる街の風景

【元記事】紆余曲折、15年越しの「希望の轍」（観光経済新聞　２０２３年4月20日）

「海その愛」加山雄三と米軍基地　（観光経済新聞　２０２３年5月8日）

ＦＭ開局とサザンオールスターズの縁（観光経済新聞　２０２３年11月22日）

ＪＲ、京急電鉄　川崎駅と『上を向いて歩こう』

葛藤を乗り越え、紡ぐ歌

【元記事】「上を向いて歩こう」～葛藤を乗り越えて紡ぐ歌（観光経済新聞　２０２２年12月７日）

「話の肖像画」ベン・Ｅ・キング　坂本九さんとの不思議な縁（産経新聞　２０１４年４月27日）

桃谷駅と『酒と泪と男と女』

ライブハウスで若手育成、河島英五が見出した第二の故郷「奈良」

【元記事】歌い継ぐ「酒と泪と男と女」（観光経済新聞　２０２３年９月21日）

【元記事】河島英五「第二の故郷」のカフェ（観光経済新聞　２０２３年10月16日）

第４章　アーティストが寄り添う「聖地巡礼」

ＪＲ郡山駅と『キセキ』『扉』

GReeeeNが繋ぐ未来への希望と「楽都・郡山」

【元記事】ＪＲ郡山駅／GReeeeNからのメッセージ（産経新聞　２０１９年４月４日）

GReeeeNがつなぐ復興への希望（観光経済新聞　２０２３年３月７日）

ＪＲ福島駅と『栄冠は君に輝く』

「古関裕而のまち」の震災復興への思い

【元記事】ＪＲ福島駅で甲子園の曲が流れる理由（産経新聞　２０１９年２月23日）

ＪＲ秋田駅と『明日はきっといい日になる』
「何でもない日常」の価値を再発見
【元記事】未来に希望を　30代奔走　高橋優さん「明日はきっといい日になる」（産経新聞　２０１８年９月13日）
ＪＲ秋田駅「明日はきっといい日になる」（観光経済新聞　２０２３年６月12日）

第５章　「何の変哲もない街」の地域おこし大作戦

ＪＲ杵築駅と『おかえりの唄』
「おかえり」「ただいま」のプロモーション映像と南こうせつさんのサポート
【元記事】「おかえりの唄」のメッセージ　（観光経済新聞　２０２３年６月23日）
「そのままでいいんだよ」南こうせつさん　（観光経済新聞　２０２３年７月３日）

ＪＲ津久見駅と『なごり雪』
伊勢正三ミュージアム「海風音楽庵」が創る街「温暖な地に降り、溶ける雪」大分の原風景
【元記事】「なごり雪」と伊勢正三さんの「海風音楽館」（観光経済新聞２０２３年７月17日）

ＪＲ水沢江刺駅と『君は天然色』
「大谷翔平か大瀧詠一か」の街が、駅メロで魅力発信
【元記事】モノクロの世界に鳴り響く「君は天然色」（観光経済新聞　２０２３年４月４日）
松本隆さん、今も続く固い友情（観光経済新聞　２０２４年３月18日）

第6章　ご当地ソングに夢を託す

ＪＲ大館駅と『ハチ公ものがたり』
ご当地デュオ「ダックスムーン」が歌う、生誕１００周年
【元記事】ご当地ソング、元駅長が町おこしに尽力（産経新聞２０１８年10月20日）
「秋田犬の里」を歌うデュオ「ダックスムーン」（観光経済新聞２０２３年２月８日）
西武池袋線大泉学園駅と『銀河鉄道９９９』
「アニメ発祥の街」を奏でる旅立ちと地域おこしのメロディ
【元記事】タケカワユキヒデ語る誕生秘話「12時間で作曲」（朝日新聞AERA.dot ２０２２年３月31日）
ＪＲ赤羽駅と『俺たちの明日』『今宵の月のように』
花火大会から野外ライブを夢見る発車メロディ
【元記事】「猥雑なごちゃごちゃ感」包むエレカシの歌（観光経済新聞　２０２２年12月28日）

藤澤志穂子（ふじさわしほこ）
元全国紙経済記者。昭和女子大学現代ビジネス研究所研究員。早稲田大学大学院文学研究科演劇専攻中退。米コロンビア・ビジネススクール客員研究員、放送大学非常勤講師（メディア論）、秋田テレビ（フジテレビ系）コメンテーターなどを歴任。近著に『出世と肩書』（新潮新書2017）、『釣りキチ三平の夢　矢口高雄外伝』（世界文化社、2020）、『学習院女子と皇室』（新潮新書、2023）

交通新聞社新書178
駅メロものがたり
人とメロディの中心に鉄道があった
（定価はカバーに表示してあります）

2024年4月15日　第1刷発行

著　者——藤澤志穂子
発行人——伊藤嘉道
発行所——株式会社交通新聞社
https://www.kotsu.co.jp/
〒101-0062　東京都千代田区神田駿河台2-3-11
電話　(03) 6831-6560（編集）
(03) 6831-6622（販売）

カバーデザイン—アルビレオ
印刷・製本—大日本印刷株式会社

ISBN 978-4-330-02124-9